모세의 가시나무떨기
(하나님의 나라와 하늘의 보좌)

사랑이열리는나무

죽은 자의 살아난다는 것은
모세도 가시나무떨기에 관한 글에 보였으되
주를 아브라함의 하나님이요 이삭의 하나님이요
야곱의 하나님이시라 칭하였나니 하나님은 죽은 자의
하나님이 아니요 산 자의 하나님이시라 하나님에게는
모든 사람이 살았느니라 하시니 서기관 중 어떤이들이
말하되 선생이여 말씀이 옳으니이다 하니 저희는
아무 것도 감히 더 물을 수 없음이더라
(누가복음 20장37~40)

..크고 높은 성곽이 있고 열 두 문이 있는데 문에 열 두
천사가 있고 그 문들 위에 이름을 썼으니 이스라엘 자손 열 두
지파의 이름들이라 동편에 세 문, 북편에 세 문, 남편에 세 문,
서편에 세 문이니 그 성에 성곽은 열 두 기초석이 있고 그 위에
어린 양의 십 이 사도의 열 두 이름이 있더라
(요한계시록 21장10~14)

또 내가 보니 보라 어린 양이 시온산에 섰고 그와
함께 십 사만 사천이 섰는데 그 이마에 어린 양의 이름과
그 아버지의 이름을 쓴 것이 있도다.. 땅에서 구속함을 얻은
십 사만 사천인 밖에는 능히 이 노래를 배울 자가 없더라
(요한계시록 14장1~3) (요한계시록 7장4~8)

차례

머리글 1p

모세의 가시나무떨기 23p

초태생이란? 34p

꿈과 환상
    고난의 피의 잔 41p
    모세의 지팡이를 받는 꿈 42p
    구원의 배 44p
    하나님 권능의 말씀의 검 45p

꿈과 현실
    말씀의 권세를 땅에 펼치시는 하나님 46p
    예루살렘과 스랍 48p

아브라함의 보좌 (하나님의 좌편에 앉은 보좌)
    아브라함인 모세 53p
    아브라함인 노아 56p
    아브라함인 이사야 59p
    모세인 이사야 61p
    심판을 알릴 언약의 사자, 모세인 이사야 64p
    두 증인 중 하나인 요한 (언약의 사자, 모세) 70p

그리스도의 보좌 (하나님의 우편에 앉은 보좌)

그리스도인 아담 · 75p

그리스도인 욥, 아담인 욥 · 77p

그리스도인 아모스 · 79p

그리스도인 에스겔 · 81p

멜기세덱인 그리스도 · 83p

이삭의 보좌 (아브라함의 좌편에 앉은 보좌)

이삭인 사무엘 · 89p

이삭인 엘리야 · 91p

이삭인 다니엘 · 92p

이삭인 세례 요한 · 96p

엘리야인 세례 요한 · 97p

예비의 사자인 엘리야 · 100p

야곱의 보좌 (그리스도의 우편에 앉은 보좌)

다윗이자 아론인 야곱 · 103p

야곱인 다윗 · 105p

베드로이자 엘리야김인 다윗 · 109p

야곱인 호세아 (두 증인) · 111p

두 증인 중 하나인 야곱 · 113p

천국 열쇠 · 115p

성령을 받은 자들의 특징 119p

천지 창조자 (네 보좌) 133p

보좌를 상징하는 열두 가지 빛 135p

변개되고 삭제된 성경의 연대 147p

온 인류가 속고 있는 모세의 황당한 출애굽 161p

머리글

필자가 이 글을 쓰는 첫 번째 이유는 정하신 바 된 하나님의 말씀을 온전히 이루기 위함이요 둘째로는 이스라엘의 열두 지파 열두 문의 비밀을 열어 무섭고 두려운 심판의 날에 대재앙과 죽음으로부터 하나님의 자녀들을 구원으로 인도하기 위함이라 이 책은 천국과 지옥에 관해 모든 인간이 궁금해하는 내용들과 인간이 어떻게 태어나고 어떻게 죽으며 어떠한 방법으로 다시 태어나는지에 대한 비밀들을 명명백백하게 기록한 책이다 또한 태초 전부터 감추어진, 하늘과 천국에 관한 하나님의 비밀이요 이 책의 모든 내용은 인간들의 머리와 지능으로 결코 알 수 없는 내용이기에 자신만만하게 성경을 다 알고 있는 양 여기는 기독교인들조차도 눈이 있어도 보지 못하고 귀가 있어도 듣지 못한 내용들일 것이다 태초에 모든 인간들의 눈과 귀를 감기우시어 말씀 안에 감추어진 하나님의 비밀과 지혜를 사람의 머리와 지능으로 깨닫지 못하게 하셨다 하신 아래의 말씀들을 실감하게 될 것이라.

너는 이를 야곱 집에 선포하며 유다에 공포하여 이르기를 우준하여 지각이 없으며 눈이 있어도 보지 못하며 귀가 있어도 듣지 못하는 백성이여 이를 들을찌어다(렘 5장20~21)

깨닫는 마음과 보는 눈과 듣는 귀는 오늘날까지 여호와께서 너희에게 주지 아니하셨느니라(신 29장4)

기록된바 하나님이 자기를 사랑하는 자들을 위하여 예비하신 모든 것은 눈으로 보지 못하고 귀로도 듣지 못하고 사람의 마음으로도 생각지 못하였다 함과 같으니라(고전 2장9)

기록된바 하나님이 오늘날까지 저희에게 혼미한 심령과 보지 못할 눈과 듣지 못할 귀를 주셨다 함과 같으니라(롬 11장8)

내가 저희에게 비유로 말하기는 저희가 보아도 보지 못하며 들어도 듣지 못하며 깨닫지 못함이니라 이사야의 예언이 저희에게 이루었으니 일렀으되 너희가 듣기는 들어도 깨닫지 못할 것이요 보기는 보아도 알지 못하리라 이 백성들의 마음이 완악하여져서 그 귀는 듣기에 둔하고 눈은 감았으니 이는 눈으로 보고 귀로 듣고 마음으로 깨달아 돌이켜 내게 고침을 받을까 두려워함이라 하였느니라(마 13장13~15)

너희는 놀라고 놀라라 너희는 소경이 되고 소경이 되라 그들의 취함이 포도주로 인함이 아니며 그들의 비틀거림이 독주로 인함이 아니라 대저 여호와께서 깊이 잠들게 하는 신을 너희에게 부어주사 너희의 눈을 감기셨음이니 눈은 선지자요 너희 머리를 덮으셨음이니 머리는 선견자라(사 29장9~10) (사 43장8)

하나님의 영광이 있으매 그 성의 빛이 지극히 귀한 보석 같고 벽옥과 수정 같이 맑더라 크고 높은 성곽이 있고 열 두 문이 있는데 문에 열 두 천사가 있고 그 문들 위에 이름을 썼으니 이스라엘 자손 열 두 지파의 이름들이라 동편에 세 문, 북편에 세 문, 남편에 세 문, 서편에 세 문이니 그 성에 성곽은 열 두 기초석이 있고 그 위에 어린양의 십 이 사도의 열 두 이름이 있더라 내게 말하는 자가 그 성과 그 문들과 성곽을 척량하려고 금 갈대를 가졌더라 그 성은 네모가 반듯하여 장광이 같은지라.. 그 성곽은 벽옥으로 쌓였고 그 성은 정금인데 맑은 유리 같더라 그 성의 성곽의 기초석은 각색 보석으로 꾸몄는데 첫째 기초석은 벽옥이요 둘째는 남보석이요 세째는 옥수요 네째는 녹보석이요 다섯째는 홍마노요 여섯째는 홍보석이요 일곱째는 황옥이요 여덟째는 녹옥이요 아홉째는 담황옥이요 열째는 비취옥이요 열한째는 청옥이요 열 둘째는 자정이라 그 열 두 문은 열 두 진주니 문마다 한 진주요 성의 길은 맑은 유리 같은 정금이더라(계 21장11~21)

위 말씀은 천국에 관한 내용이다 천국은 이스라엘의 열두 지파만이 들어갈 수 있는 열두 문만 있을 뿐, 이스라엘 열두 지파 외에 다른 모든 민족들은 미국인이든 한국인이든 중국인이든 변명할 여지없이 천국으로 들어갈 문 자체가 없다 다시 말해 하나님을 믿는다고 자부하는 모든 한국인들은 아무리 하나님을 믿는다고 할지라도 구원에 이를 수 없다는 것이다.

하나님은 이스라엘의 하나님이시요 이스라엘의 흩어진 백성들을 모으시기 위하여 오신 이스라엘의 그리스도시다(마 15장24) 오직 이스라엘의 하나님이시며 이방인인 한국인의 하나님도 미국인의 하나님도 중국인의 하나님도 아니다 다시 말해 이스라엘의 열두 지파 외에 다른 민족들은 그 누구도 구원될 수 없다는 것이요 이는 구원을 받았다고 자긍하고 확신하는 한국의 모든 가톨릭과 기독교인들도 이스라엘의 열두 지파에 해당되는 이스라엘 백성들이 아니기에 단 한 명도 구원될 수 없는 것이다 또한 천국에서 흑인종 백인종 황인종을 보았다는 기독교의 천국 간증들이 완전히 새빨간 거짓이라는 것을 이 말씀이 명명백백하게 증거하고 있다 오늘날 한국 기독교의 천국에 관한 간증들을 들어 보면, 천국에는 황인종도 있고 흑인종도 있고 백인종도 있으며 금과 보석으로 된 집의 문패에 자신이 다니는 교회의 담임 목사의 이름이 새겨져 있다고 한다 그러나 앞의 말씀 구절만 보아도 이러한 기독교의 간증들이 하나같이 성경 말씀과는 완전히 상반되어 있는 황당한 거짓임을 증거하고 있지 않은가! 진정 하나님께서 역사하신 진리인지 아니면 사단이 하나님인 양 가장하여 역사하는 거짓인지를 이제는 명명백백히 밝혀야 할 것이요 분별해야 할 것이라.

거지가 죽어 천사들에게 받들려 아브라함의 품에 들어가고 부자도 죽어 장사되매 저가 음부에서 고통 중에 눈을 들어 멀리 아브라함과 그의 품에 있는 나사로를 보고 불러 가로되 아버지 아브라함이여 나를 긍휼히 여기사 나사로를 보내어 그 손가락 끝에 물을 찍어 내 혀를 서늘하게 하소서 내가 이 불꽃 가운데서 고민 하나이다 아브라함이 가로되 얘 너는 살았을 때에 네 좋은 것을 받았고 나사로는 고난을 받았으니 이것을 기억하라 이제 저는 여기서 위로를 받고 너는 고민을 받느니라 이뿐 아니라 너희와 우리 사이에 큰 구렁이 끼어 있어 여기서 너희에게 건너가고자 하되 할 수 없고 거기서 우리에게 건너 올 수도 없게 하였느니라 (눅 16장22~26)

그리스도께서 자신들을 직접 데리고 천국과 지옥을 보여 주셨다는 기독교의 간증들은 천국과 지옥 사이에는 큰 구렁이 있어 건너가고 건너올 수 없다(눅 16장26) 하신 그리스도의 기록된 말씀 자체를 완전히 부인하는 것이 아닌가! 과연 무엇이 진실이고 무엇이 거짓인지 이제는 명명백백히 진실을 밝히고 좇아야 할 때라 이는 당신의 생명이 사망과 심판으로 가느냐, 생명과 구원으로 이르느냐의 기로에 서 있는, 당신의 목숨을 걸어야 할 가장 큰 중대 사안이기 때문이다.

하나님께 응답 받았다고 목소리를 높이는 모든 자들과, 그리스도와 천사들을 보았다고 하는 자들과, 성경 말씀을 멸시하고 천국과 지옥을 왕복했다며 자신을 높이는 모든 자들에게 명명백백히 묻겠다 도대체 너희가 하나님 앞에 누구란 말인가! 하나님 앞에 너희가 무슨 연고로 특별한 간증을 한단 말이냐! 성경 말씀에서 그 예를 찾아 볼 수 없는 너희들의 간증이 진정 하나님의 간증이뇨! 너희는 무엇을 근거로 너희의 간증을 참이라고 하느뇨! 거짓과 억지에 담대한 자들아! 너희는 평생을 말로만 가르치는 자들이요 평생을 듣기만 하는 자들이라 십자가의 사랑을 좇아 난 그리스도인의 삶을 부정하고 세상과 더불어 물질과 겸하여 하나님을 섬기는 이단과 거짓과 억지와 변명을 합리화한 육신의 믿음인지라 너희의 아비는 마귀요 사단이라 거짓된 자들의 말로는 그 입술과 그 혀가 잘려 지옥불에 던져지리라 거짓으로 영혼을 미혹케 하는 거짓 간증들이여! 자복하고 회개하라! 너희를 높이기 위하여 영혼들을 속이는 너희의 주장과 설교는 하나님의 말씀에서 찾아 볼 수 없는 거짓이요 말씀이 증거 되지 않는 마귀요 성경 말씀 자체를 멸시해 버린, 하나님 앞에 대적자요 목숨까지도 바치는 십자가의 사랑과 희생을 좇아 난 그리스도인의 삶을 멸시한 원수라.

내가 네 환난과 궁핍을 아노니 실상은 네가 부요한 자니라 자칭 유대인이라 하는 자들의 훼방도 아노니 실상은 유대인이 아니요 사단의 회라(계 2장9)

그러나 민간에 또한 거짓 선지자들이 일어났었나니 이와 같이 너희 중에도 거짓 선생들이 있으리라 저희는 멸망케 할 이단을 가만히 끌어들여 자기들을 사신 주를 부인하고 임박한 멸망을 스스로 취하는 자들이라 여럿이 저희 호색 하는 것을 좇으리니 이로 인하여 진리의 도가 훼방을 받을 것이요 저희가 탐심을 인하여 지은 말을 가지고 너희로 이를 삼으니 저희 심판은 옛적부터 지체하지 아니하며 저희 멸망은 자지 아니하느니라(벧후 2장1~3)

사랑하는 자들아 영을 다 믿지 말고 오직 영들이 하나님께 속하였나 시험하라 많은 거짓 선지자가 세상에 나왔음이니라(요1 4장1)

내가 네 행위와 수고와 네 인내를 알고 또 악한 자들을 용납지 아니한 것과 자칭 사도라 하되 아닌 자들을 시험하여 그 거짓된 것을 네가 드러낸 것과(계 2장2)

모든 인간은 매우 어릴 때부터 시작해 초중고 시절을 거쳐 부모님과 선생님으로부터 보고 듣고 쓰고 배우는 교육 습관이 오랜 세월 속에 길들여져 있다 그래서 오늘날 성경 말씀을 세상사의 교육처럼 가르치는 기독교의 설교를 모든 성도들이 아무 거리낌도 거부감도 검증도 없이 쉽게 받아들이는 것이다 평생 동안 성경 말씀을 인간의 교육과 학문의 방식으로 해석하고 풀이하여 가르치고 배워 온 까닭에 자신의 입맛대로 해석하는 주장이 너무나 거리낌 없이 성경 말씀보다 신격화되어 버린 기독교 목사들의 설교는, 온갖 거짓과 부패와 이단들이 생겨날 수밖에 없는 각양각색의 주장들이요 가르치는 자마다 배우는 자마다 자신의 입맛대로 해석하여 천태만상인 해석과 풀이가 난무할 수밖에 없는 기독교다 그러나 세상사의 학문과 이론을 바탕으로 하는 사람의 교훈과 말의 감동을 중심하는 기독교의 설교는 결코 하나님의 진리의 말씀이 아니다 오늘날 기독교의 모든 교리와 설교는 성경 말씀을 악용하여 자신들의 입맛대로 해석하고 풀이한 억지 된 주장을 신격화하여 말씀 중심이라고 가르치나, 이는 말뿐인 말씀 중심이요 전혀 성경적이지 않다 오히려 성경의 내용과는 상반되거나 대적이 되는 세상과 육에 속한 이단적인 내용들을 너무나 당당하고 뻔뻔하게 하나님의 말씀인 양 가르치고 있기에, 이러한 이단과 변질을 참인 양 배우는 성도들의 열매가 하나같이 평생을 죄만 반복하는 믿음일 수밖에 없는 것이다 성도들로 하여금 평생을 죄만 반복케 하는 말의 감동을 좇아 난 각성과 다짐과 자긍만 일으키는 사람의 교훈은 절대로 하나님의 능력이 역사하는 하나님의 진리가 아니요 사람의 교훈을 통한 감동은 그저 순간적으로 부풀었다 꺼지고 마는 누룩의 감동일 뿐이다 그저 평생을 죄만 반복하는 말의 감동과 세상사의 교훈이요 말씀만 악용하고 이용하는 인간의 주장과 이론이요 온갖 이단에 이단들이 난무할 수밖에 없는 사람의 해석과 풀이일 뿐이다.

죄를 짓는 자는 마귀에게 속하나니 마귀는 처음부터 범죄함이니라 하나님의 아들이 나타나신 것은 마귀의 일을 멸하려 하심이니라 하나님께로서 난 자마다 죄를 짓지 아니하나니 이는 하나님의 씨가 그의 속에 거함이요 저도 범죄치 못하는 것은 하나님께로서 났음이라 이러므로 하나님의 자녀들과 마귀의 자녀들이 나타나나니 무릇 의를 행치 아니하는 자나 또는 그 형제를 사랑치 아니하는 자는 하나님께 속하지 아니하니라(요1 3장8~10)

죄가 반복된다는 것은 하나님의 능력이 역사하는 내면적 할례자가 아니라는 뜻이요 하나님의 말씀을 중심으로 하는 거듭나고 달라진 하나님의 의의 자녀가 아니라는 것이다 또한 기독교의 모든 설교와 교리가 성도들로 하여금 죄를 반복할 수밖에 없는 죄의 굴레와 습관에서 온전히 벗어나도록 인도하는 하나님의 능력이 나타나는 하나님의 말씀도 진리도 감동도 아님을 증거하는 것이다 말로는 말씀 중심이라고 가르치나, 이들에게 성경 말씀은 그저 세상과 더불어 물질과 겸하여 하나님을 섬기는 연고로 평생을 죄만 반복할 수밖에 없는 자신들의 믿음과 거짓과 변질과 이단을 합리화하고 신격화하기 위한 도구일 뿐이다 다시 말해 성경의 내용만 앞세울 뿐 성경 본연의 뜻과는 전혀 다른 인간의 황당한 해석이 마치 진리인 양, 시시각각 자신의 입맛대로 변하는 인간의 주장이 하나님의 말씀인 양, 하나님인 양 신격화된 것이다 그러나 성도들 또한 평생을 듣기만 하는 육신을 좇아 난 신앙인지라 어려서부터 사람의 교육 방식이나 관행대로 배우는 것에 길들여진 탓에, 사람의 교훈과 말의 감동을 당연시 받아들이며 사람의 설교와 순간적인 말의 감동에 거리낌 없이 중독되고 세뇌된 자들이라 이에 이들의 설교와 가르침은 하나같이 세상에 대한 정욕과 욕심을 좇아 죄를 반복할 수밖에 없는 사람의 교훈이요 말씀과 전혀 상관없는 록펠러, 나폴레옹, 빌게이츠, 마윈, 링컨, 칸트, 플라톤과 같은 위인들과 세상에서 성공한 자들의 일대기를 교훈 삼아 가르치면서도 말씀 중심으로 가르친다고 자긍하는 자들이다 이는 세상과 더불어 물질과 겸하여 하나님을 섬기는 육신의 믿음을 좇아 난 변질과 거짓과 이단을 가르치고 배우기에 평생을 말로만 가르치고 듣기만 하는 신앙들이요 이에 평생을 죄만 반복할 수밖에 없는 믿음들이다.

세상과 더불어 물질과 겸하여 하나님을 섬기는 변질과 거짓과 이단으로 육신의 믿음을 합리화하는 까닭에, 한낱 인간의 생각과 판단과 주장이 말씀화되고 하나님화되어 버린 기독교의 설교는 마치 어린아이들에게 가르치는 세상의 학문과 같이 보편적이고 상식적인 사람의 교훈과 감동을 하나님의 진리인 양하는 말의 감동일 뿐이다 성경 구절을 놓고 영적이라는 명분으로 해석하고 풀이한 비유를 앞세워 낱말과 숫자까지도 분석하고 해석하고 비유하는 인간의 학문과 지식을 중심한 인간 중심의 인본주의적인 기독교의 목사들이기에, 평생을 죄만 반복하는 인간의 한계를 벗어날 수 없는 성도들만 낳을 뿐이다 오늘날의 기독교는 한낱 피조물에 지나지 않는 인간의 지식과 이론과 지혜를 절대화하고 극대화하여 감히 인간의 한계로 볼 수도 없고 알 수도 없는 하나님의 이상과 지혜를 아는 양 가르치고 있으며 사람의 머리와 지능을 통한 사람의 지식과 지혜로 감히 하나님의 능력이 역사하는 신의 이상과 신의 지혜를 안다 하며 가르치고 있는 것이다 성경은 신의 경전이다 피조물에 지나지 않는 인간이 감히 주장하고 해석할 수 있는 인간의 책이 아니다 그러나 한낱 인간의 학문과 지식과 이론으로 감히 신의 경전인 성경을 자신의 입맛대로 해석하고 풀이하여, 말씀 본연의 뜻 자체를 완전히 멸시하고 부정한 자신의 주장을 말씀 위에 절대화하고 하나님인 양 자신을 신격화하여 성도들을 군림하는 교만이 바로 오늘날 기독교의 말씀 중심다 성경 말씀의 본연의 뜻이 아닌 자신들의 입맛대로 풀이한 해석으로 말씀 위에 군림하고 신격화하여 말씀을 완전히 무시하고 멸시하는 오늘날 기독교의 모든 설교는 이미 온갖 거짓에 거짓으로 억지에 억지로 이 땅에 가장 크고 가장 많은 이단에 이단을 낳고 있으며, 제멋대로 풀이한 엉터리 해석과 황당하고 무지한 인간의 풀이를 신격화한 이들의 수준은 상상을 초월한다 평생을 말로만 가르치는 자신들을 신격화하기 위해 성경 자체를 변질시키고 성경 자체를 무시해 버린 황당한 해석과 설교들이다 마치 자신들이 성경 말씀을 선포하는 신인 것처럼 자신의 입맛대로 거침없이 해석하는 기독교 목사들의 설교는 성경 말씀 본연의 뜻과는 완전히 상반되는 세상에 속한 내용을 가르치거나 성경 말씀 자체를 완전히 멸시하고 부정하는 내용들이 대부분이나, 세상과 더불어 물질과 겸하여 하나님을 섬기는 자신들의 육신의 믿음을 합리화하고 변명하는 이단과 거짓과 변질에 대하여는 아무런 거리낌도 없고 검증할 필요성도 느끼지 못하고 가르치고 배운다 성도들 또한 오직 자신들의 세상에 속한 이상과 성공과 축복과 만사형통을 위해 존재 되는 믿음인지라 하나같이 세상과 더불어 물질과 겸하여 하나님을 섬기려는 변질과 거짓과 이단을 좇아 목사들의 설교를 당연시 받아들이는 것이다 세상과 더불어 물질과 겸하여 하나님을 섬기려는 변질과 거짓과 이단을 합리화하고 변명하는 육신에 속한 믿음이기에 평생을 말로만 가르치는 목사나 평생을 듣기만 하는 성도들이나 하나같이 마귀의 자식임을 평생을 반복하는 자신들의 죄가 명백히 증거하고 있으나, 자신이 죄만 반복하는 마귀의 자식임을 인식하는 자는 한 명도 없다 말씀 대신 자신의 절대적인 사고와 신격화된 자신의 주장을 믿기에 이들은 말씀이 필요 없는 믿음들이다 십자가의 사랑과 희생을 좇아 난 아름다운 그리스도인의 믿음이 아닌, 죄만 반복하는 육신의 믿음이요 평생을 듣기만 하는 신앙들이기에 성경 말씀보다는 오히려 세상과 육에 속한 목사들의 말의 감동과 교훈이 받아들이기 쉬우므로, 교회와 목사들에게 온갖 부패와 타락과 불법과 거짓과 악행이 난무하는데도 벗어나지 못하는 성도들이요 평생을 듣기만 하는 신앙인 연고로 평생을 말로만 가르치는 신앙을 좇는 것은 지극히 당연한 결과다.

성경 말씀에 없을뿐더러 오히려 상반되는, 비전과 꿈을 가지라는 등의 세상의 말들을 인용하여 가르치고 말씀이 아닌 사람이 만든 전통과 유전을 앞세워 인간 중심의 인본주의 사상과 교리를 내세우며, 낱말과 단어조차도 비유의 대상으로 만들어 개개인의 망상에서 비롯된 해석과 풀이를 말씀인 양 가르치고 신의 경전의 지혜와 이상을 명확하지 못한 인간들의 세상 학문을 바탕으로 자신의 입맛대로 주장대로 해석하고 풀이하며, 평생을 죄만 반복하는 인간의 한계를 벗어날 수 없는 각성과 다짐과 결심과 자긍만 일으키는 말의 감동과 교훈만을 가르치는 기독교인들의 이단적인 형태는 그야말로 우후죽순이요 천태만상이요 각양각색이다 일정한 기준도 일정한 한계도 없이 그저 말로만 인정하면 영접도 믿음도 성령도 구원도 다 얻을 수 있는, 이 땅에서 가장 편리하고 가장 손쉬운 믿음이다 입술로만 시인하고 인정하면 모든 것을 얻을 수 있는 양하는 기독교의 황당한 믿음과 교리는 십자가의 사랑과 희생을 좇아 자신의 십자가를 메고 좇으라 하신 성경 말씀을 멸시하고 무시하는 무식한 교리요 황당할 정도로 완고한 믿음들이다 다시 말해 십자가의 사랑과 희생은 부인하고 회피한 채, 황당하고 억지스러운 확신과 믿음으로 말로써 인정만 하면 믿음도 성령도 구원도 쉬이 얻을 수 있는 양하는 신앙과 교리이기에 이들의 이단성은 거리낌 없이 무궁무진하게 전파되어 왔던 것이다 육체의 본질을 좇아 난 인간의 학문이 이들의 선생이요 그저 말만 앞세운 주장이 이들의 말씀이요 고진감래와 권선징악과 같은 사람의 교훈과 말의 감동이 이들의 진리인지라, 평생을 각성하고 다짐하고 확신하고 자긍해도 거듭나지 못한 채 평생을 죄만 반복할 수밖에 없는 성도들만 낳을 뿐이요 하나같이 하나님의 능력이 존재할 수 없고 믿음의 시작부터 그리스도인의 열매와 증거가 존재 될 수 없는 믿음들이다.

오늘날 목자라고 하는 모든 자들이 해석과 주석을 보며 학문을 바탕으로 가르치는 인간의 통상적이고 상식적인 지식은 성경 말씀에 입각한 하나님의 진리가 결코 아니다 진리의 영 즉 성령을 지닌 하나님의 참된 목자는 오직 사랑의 근본이신 하나님의 사랑을 받은 자만이 가질 수 있는, 사랑 안에서 솟아 나오는 마음의 지혜를 지닌 자라 그러나 머리와 지식이 아닌 사랑 안에서 마음으로부터 지혜가 떠오른다는 말씀 자체가 인간들의 상식과 한계로써는 경험해 보지 못한 지혜이기에 매우 이해되기 힘들며, 한편으론 매우 추상적인 듯하고 비현실적인 듯하여 받아들이기 힘들 것이다 또한 인간의 학문과 같이 인간의 머리와 지능의 한계로 얻어질 수 있는 신의 지혜가 아니기에 인간의 상식과 세상사의 기준으로는 절대로 이해될 수 없고 인간사에서는 그 예를 들을 수도 찾아 볼 수도 없는 내용이다.

이는 저희로 마음에 위안을 받고 사랑 안에서 연합하여 원만한 이해의 모든 부요에 이르러 하나님의 비밀인 그리스도를 깨닫게 하려 함이라 그 안에는 지혜와 지식의 모든 보화가 감추어 있느니라..(골 2장2~8)

..너희가 사랑 가운데서 뿌리가 박히고 터가 굳어져서 능히 모든 성도와 함께 지식에 넘치는 그리스도의 사랑을 알아 그 넓이와 길이와 높이와 깊이가 어떠함을 깨달아 하나님의 모든 충만하신 것으로 너희에게 충만하게 하시기를 구하노라(엡 3장15~19)

..오직 위로부터 난 지혜는 첫째 성결하고 다음에 화평하고 관용하고 양순하며 긍휼과 선한 열매가 가득하고 편벽과 거짓이 없나니 화평케 하는 자들은 화평으로 심어 의의 열매를 거두느니라(약 3장17~18)

또 우리에게 더 확실한 예언이 있어 어두운데 비취는 등불과 같으니 날이 새어 샛별이 너희 마음에 떠오르기까지 너희가 이것을 주의하는 것이 가하니라 먼저 알 것은 경의 모든 예언은 사사로이 풀 것이 아니니 예언은 언제든지 사람의 뜻으로 낸 것이 아니요 오직 성령의 감동하심을 입은 사람들이 하나님께 받아 말한 것임이니라(벧후 1장19~21)

성경 말씀에 기록된 바와 같이 하나님의 사랑을 받아 사랑 안에서 솟아 나오는 신의 지혜인 모든 것을 통달하는 성령 즉 진리의 영을 지닌 자는 이 지구상에 단 한 명도 없다 다시 말해서 기독교 안에 성령을 받았다는 목사와 성도들은 많으나 하나같이 인간의 머리와 지능으로 배우고 익히는 학문적 이론적 지식적 가치의 신학과 교리와 설교들일 뿐, 성경에 기록된 대로 사랑을 받은 마음으로부터 솟아 나오는 하나님의 지혜와 지식을 통달한 자는 단 한 명도 존재하지 않는다(고전 2장10) (욥 13장1~2) (사 40장 13~14) (요1 2장20) (요1 2장27) 만약 성령을 받은 자가 있었다면 신학이라는 학문 자체가 존재 될 필요가 없었을 것이다 인간의 상식과 한계로는 이해될 수 없는 이 말씀의 내용을 믿어야 하는 것인가? 부인해야 하는 것인가? 믿자니 머리와 지능을 통해 배우고 익히는 인간의 상식으로는 도저히 납득이 되지 않을뿐더러 이해할 수도 없는, 인간의 상식에서는 찾아 볼 수 없는 내용의 말씀이 아닌가! 자신의 인생 속에서 단 한 번도 보고 듣지 못한, 사랑 안에서 나오는 성결한 지혜와 하나님의 모든 이상과 섭리와 이치를 다 통달하는 진리가 내 마음에 들어와 나를 친히 가르친다는 말씀은(고전 2장10) 상식적으로 이해될 수 없는 것이 아닌가! 인간의 상식과 한계 밖에 있는 이 말씀을 이해하고 믿으려고 하는 자체가 어쩌면 황당하게 여겨질 수밖에 없기에, 모든 목사와 성도들이 이 말씀의 내용을 무시한 채 인간의 상식에 기댄 학문을 바탕으로 하는 목회를 당연시 여기고 거리낌 없이 받아들이는 것이다 이에 성도들 또한 말씀에 입각한 참된 성령을 받기는커녕 보고 듣거나 경험해 본 적이 없기에 말의 감동을 좇아 난 인간의 교훈을 거리낌 없이 좇을 수밖에 없고 지극히 당연하게 받아들일 수밖에 없는 것이 아닌가!

오직 하나님이 성령으로 이것을 우리에게 보이셨으니 성령은 모든 것 곧 하나님의 깊은 것이라도 통달하시느니라(고전 2장10)

너희는 주께 받은바 기름 부음이 너희 안에 거하나니 아무도 너희를 가르칠 필요가 없고 오직 그의 기름 부음이 모든 것을 너희에게 가르치며 또 참되고 거짓이 없으니 너희를 가르치신 그대로 주안에 거하라(요1 2장27)

누가 여호와의 신을 지도하였으며 그의 모사가 되어 그를 가르쳤으랴 그가 누구로 더불어 의논하셨으며 누가 그를 교훈하였으며 그에게 공평의 도로 가르쳤으며 지식을 가르쳤으며 통달의 도를 보여 주었느뇨(사 40장13~14)

나의 눈이 이것을 다 보았고 나의 귀가 이것을 듣고 통달하였느니라(욥 13장1)

너희는 거룩하신 자에게서 기름 부음을 받고 모든 것을 아느니라(요1 2장20)

보고 듣고도 믿지 못하는 것이 인간의 본질인데 인간의 상식으로는 이해될 수 없는, 단 한 번도 경험해 보지 못한 비상식적인 내용을 믿는다는 것은 매우 어려운 일이다 학문과 지식과 상식을 통해 머리와 지능으로 배우고 익히고 공부하는 것이 모든 인간의 당연한 이치요 기본적인 상식이다 그러나 뒤이어 보게 될 성경 말씀들은 인간의 당연한 상식과 한계로는 절대로 납득이 될 수도 없고 이해될 수도 없는 내용일 것이다 성경은 신의 경전이기에 인간의 상식과 지식으로는 절대로 풀 수 없다고 명명백백히 말씀하고 있다 그런데도 기독교와 가톨릭(로마교)은 이 말씀들을 완전히 무시하고 인간의 학문을 바탕으로 하는 신학과 상식으로 주석과 해석들을 보며 자신들의 입맛대로 가르치고 있는 것이다 오늘날 모든 신부와 목사들은 인간의 한계와 이상을 뛰어넘는 신의 지혜 즉 진리의 영을 지닌 진실된 하나님의 영(성령)을 받은 자들이 아니기에(고전 2장10) (욥 13장1~2) (사 40장13~14) (요1 2장20) (요1 2장27) 이 성경 말씀들을 절대로 이해할 수 없다 다시 말해 성경 말씀에 기록된 내용들은 인간의 상식과 한계로써는 이해하고자 하여도 절대로 이해할 수 없는, 인간의 상식과 한계 밖의 내용이다 성경은 신의 경전이다 절대로 인간의 머리와 지능으로 지식과 학문을 통해 사사로이 풀 수 있는 인간의 책이 아니며 오직 신의 지혜를 지닌 자만이 풀 수 있는 하늘의 비밀이요 진리이기에 신의 경전인 이 성경 말씀을 한낱 인간의 지식과 지혜로 해석하고 풀이한다는 것 자체가 교만인 것이다 그런데 오늘날 모든 기독교인들은 자신들의 학문과 지식을 바탕으로 하여 자신의 입맛대로 해석한 자신의 주장 곧 사람의 주장이 말씀 위에 군림하는 신이 되었고 하나님의 말씀인 양 신격화가 되어 버렸다 이처럼 오늘날 천태만상의 주장들이 말씀인 양 신격화되고 절대화되어 우후죽순으로 전파되고 있기에 오늘날 기독교가 가장 많은 이단을 배출하는 종교가 될 수밖에 없는 것이다.

..먼저 알 것은 경의 모든 예언은 사사로이 풀 것이 아니니 예언은 언제든지 사람의 뜻으로 낸 것이 아니요 오직 성령의 감동하심을 입은 사람들이 하나님께 받아 말한 것임이니라 (벧후 1장18~21)

예수께서 가라사대 너희 율법에 기록한바 내가 너희를 신이라 하였노라 하지 아니하였느냐 성경은 폐하지 못하나니 하나님의 말씀을 받은 사람들을 신이라 하셨거든(요 10장34~35)

오늘날 기독교는 학문을 중심으로 하는 인본주의의 신학을 중심하기에 인간의 한계 자체를 벗어날 수 없으므로, 인간의 상식과 한계를 뛰어넘는(고전 2장10) (욥 13장1~2) (사 40장13~14) (요1 2장20) (요1 2장27) 이 성경 말씀의 내용들을 절대로 이해할 수도 가르칠 수도 배울 수도 없다 기독교의 설교와 가르침은 잡신을 섬기는 모든 종교들과 마찬가지로 그저 자신의 각성과 다짐과 결심과 확신과 자긍만을 일으켜 평생을 죄와 하나마나한 회개만 반복할 수밖에 없는 인간의 한계를 지닌 사람의 교훈과 말의 감동만을 가르치고 있는 것이다 순간의 각성과 다짐과 결심과 자긍만 있을 뿐, 끊임없이 죄가 반복될 수밖에 없는 인간의 한계를 뛰어넘는 하나님의 능력을 절대로 가르칠 수 없는, 오늘날 모든 기독교인들의 사상이요 설교요 교리다.

하나님 대신 종교를 섬기며 말씀 대신 인간의 사상과 교리를 좇고 그리스도의 사랑 대신 교회와 제단만 섬기며 형제를 섬기는 대신 신격화된 교주를 섬기는 근본적인 이유가 바로 평생을 말로만 가르치고 평생을 듣기만 하는, 세상과 더불어 물질과 겸하여 하나님을 섬기는 육신의 믿음을 좇는 자신을 합리화하고 변명하기 위함에서 비롯된 결과라 다시 말하면 평생을 말로만 가르치고 평생을 듣기만 하는 지식적 신앙으로 목숨까지도 바치는 십자가의 사랑을 부인하기 위함에 인간이 만들어 낸 오늘날의 신학이다 그러나 모든 성도들 또한 인간의 학문과 교육 방식에 이미 오랜 세월 길들여져 있고 평생을 말로만 가르치는 목사들처럼 평생을 듣기만 하는 신앙이기에 거리낌이나 거부감 없이 그저 받아들이며 좇고 있는 것이다.

믿음의 시작과 처음부터, 자신의 혈통과 육정을 십자가에 못 박고 그리스도의 십자가의 사랑을 좇아 자신의 십자가를 메고 나를 좇으라는 그리스도의 말씀을 부인한 자들의 종교요 신학이요 믿음이다 이는 다시 말해 세상과 육에 속한 자신들의 꿈과 희망과 이상과 행복과 성공을 이루기 위함에 세상과 더불어 물질과 겸하여 하나님을 섬기려는 변질이 만들어 낸 종교요 교회요 목사요 신부요 성도들이다 이 책을 끝까지 읽고 나면 하나님의 진리는 절대로 사람의 상식으로 가르칠 수 없는 신의 영역이요 사람의 한계로 알 수 없는 신의 지혜요 인간의 지능과 머리로 배우고 익힌 학문과 지식의 형태가 아닌, 인간의 지혜와 한계를 뛰어넘는 신의 진리임을 실감하게 될 것이다.

또 자기 십자가를 지고 나를 따르지 않는 자도 내게 합당하지 아니하니라 자기 목숨을 얻는 자는 잃을 것이요 나를 위하여 자기 목숨을 잃는 자는 얻으리라(마 10장38~39)

우리 중에 누구든지 자기를 위하여 사는 자가 없고 자기를 위하여 죽는 자도 없도다 (롬 14장7)

형제들을 위해 목숨까지도 바치는 십자가의 사랑을 좇아 난 그리스도의 소망을 품은 그리스도인의 삶은 살지도 않으면서 마치 자신들이 그리스도인인 양 여기는 기독교인들의 일말의 양심의 가책도 없는 교만의 추태로 인해 세상인들에게 빛과 소금처럼 본과 귀감이 되기는커녕 오히려 하나님의 이름을 욕보이고 손가락질의 대상이 되고 있는 오늘날 기독교의 현실이, 자신들이 그리스도인이 아님을 명명백백히 입증하고 있다 오직 자신들의 세상에 속한 바램과 이상과 정욕을 좇아 난 기독교인들의 믿음은 시작부터 그리스도인의 삶은 좇지 않고 그저 평생을 말로만 가르치는 인간들이 만들어 낸 종교적 전통과 관행과 말의 감동만을 좇는 육신의 믿음들이요 자신의 잘못된 모습을 말씀에 견주고 비추어 돌이키는 그리스도인들이 아니라, 말씀을 오히려 부정하고 그 뜻과 상반되는 자신의 주장과 변명만 합리화해 가는 목사와 성도들인지라 절대로 거듭나고 변화될 수 없는, 평생을 반성하고 후회하면서도 뒤돌아 또 죄를 범하는 악순환 속에 하나마나한 회개와 반성만 죽을 때까지 반복하는 자들이 대부분이다 죽을 때까지 죄를 반복하는 습관에서 벗어날 수 없는 순간의 감동에 치우친 엉터리 회개와 반성이기에, 사람들에게서 절대로 일어나지 않아야 할 천인공노할, 충격적이고 추악하고 과격하고 광신적이고 황당한 사건들이 세상과 다를 바 없이 종교 안에서도 비일비재하게 일어나고 있는 것이다 모든 종교와 기독교의 부패와 타락과 거짓과 정욕과 악행과 살인은 악한 세상과 다를 바 없이 상상을 초월하며 끊임없이 죄만 늘어갈 뿐이다 사랑을 외치는 기독교 안에 사랑이 없기 때문이요 자비를 외치는 불교 안에 자비가 없기 때문이니 이는 하나같이 평생을 말만 앞세운 명분에 지나지 않는 사랑과 자비를 좇아 평생을 듣기만 하는 신앙들이 만들어 낸 오늘날의 참담한 결과물이다.

평생을 말로만 가르치기에 본과 귀감이 되기는커녕 위선과 생색에 길들여진 형식과 겉모양으로 상대를 속이는 처세술과 가증한 이중성의 두마음을 지닌 종교인들과 목사와 성도들이기에 심판의 날이 예비된 것이 아닌가! 만약 오늘날의 기독교가 빛과 소금처럼 본과 귀감이 되는 아름다운 그리스도의 참된 교회라면 심판의 날이 과연 존재 되겠는가! 빛과 소금과 같은 본과 귀감은 없고 그리스도의 사랑 대신 말뿐인 구원을 믿는, 자신의 확신과 자긍을 믿음화한 기독교인들이기에 자신이 진정 구원의 대상인지 아닌지 의심할 가치도 못 느끼는 성도들이 너무나 많다 그러나 자신이 자긍하고 확신하는 구원과 믿음이 오히려 성경 말씀과 완전히 상반되고 하나님의 거룩하신 뜻은 저버린 채 그리스도의 사랑과 원수가 되는, 인간이 만들어 낸 가식과 위선의 종교적인 가치에 불과한 허구라면, 이를 믿고 있는 당신은 하나님과 대적이요 그리스도의 희생과 사랑을 욕보인 자요 성경 말씀을 더하고 빠뜨리고 변개한 원수일 뿐이라 하나님 대신 인간이 만든 종교를 신격화하여 섬기는 것 자체가 우상을 섬기는 것이다 하나님은 사랑이시라 이에 사랑을 실천하는 자는 곧 하나님을 섬기는 자요 사랑을 행치 아니하는 자는 곧 하나님을 부인하는 자라.

사랑하는 자들아 우리가 서로 사랑하자 사랑은 하나님께 속한 것이니 사랑하는 자마다 하나님께로 나서 하나님을 알고 사랑하지 아니하는 자는 하나님을 알지 못하나니 이는 하나님은 사랑이심이라..(요1 4장7~11)

피차 사랑의 빚 외에는 아무에게든지 아무 빚도 지지 말라 남을 사랑하는 자는 율법을 다 이루었느니라 간음하지 말라, 살인하지 말라, 도적질 하지 말라, 탐내지 말라 한 것과 그 외에 다른 계명이 있을찌라도 네 이웃을 네 자신과 같이 사랑하라 하신 그 말씀 가운데 다 들었느니라 사랑은 이웃에게 악을 행치 아니하나니 그러므로 사랑은 율법의 완성이니라 (롬 13장8~10)

사랑하는 자여 악한 것을 본받지 말고 선한 것을 본 받으라 선을 행하는 자는 하나님께 속하고 악을 행하는 자는 하나님을 뵈옵지 못하였느니라(요3 1장11)

우리가 형제를 사랑함으로 사망에서 옮겨 생명으로 들어간 줄을 알거니와 사랑치 아니하는 자는 사망에 거하느니라(요1 3장14)

..저희가 진리의 사랑을 받지 아니하여 구원함을 얻지 못함이니라(살후 2장10)

우리가 사랑을 좇아 그의 피로 말미암아 의롭다 하심을 받았으니 우리가 사랑을 좇아난 소망으로 난 은사로써 진노하심에서 벗어나 구원을 받을 것이니 이는 세상을 좇아서 원수 되었을 때에 그의 아들의 죽으심으로 말미암아 사랑을 좇아 하나님과 화목하게 되었은즉 우리 또한 화목하게 된 자로서는 사랑 안에서 부활하심에 영광을 좇아난 구원의 소망을 이루어 가는 것이라(롬 5장9~10)

주께 합당히 행하여 범사에 기쁘시게 하고 모든 선한 일에 열매를 맺게 하시며 하나님을 아는 것에 자라게 하시고 그 영광의 힘을 좇아 모든 능력으로 능하게 하시며 기쁨으로 모든 견딤과 오래 참음에 이르게 하시고 우리로 하여금 빛 가운데서 성도의 기업의 부분을 얻기에 합당하게 하신 아버지께 감사하게 하시기를 원하노라 그가 우리를 흑암의 권세에서 건져 내사 그의 사랑의 아들의 나라로 옮기셨으니 그 아들 안에서 우리가 구속 곧 죄 사함을 얻었도다(골 1장10~14)

하나님의 사랑을 온 땅에 나타내시고 전파하기 위하여 십자가에 못 박혀 돌아가신 그리스도의 희생과 사랑은 무시한 채 말과 이론만 앞세운 구원과 믿음을 좇는 자들은 영원히 씻을 수 없는 후회의 대가를 치를 것이라 모세의 가시나무떨기는 오늘날 수많은 종교에서 가르치는 방식과 같이 성경 말씀을 악용하여 자의적이고 임의적인 해석과 인간 중심의 풀이로 가르치고 배우는 인간의 상식과 인간의 학문과 인간의 이론이 아니다 세상사의 상식과 인간사의 지혜로 보고 들을 수 없는, 신의 경전인 성경 말씀 안에 감추어진 하나님의 비밀이요 성경 말씀 안에 숨겨진 짝을 찾아 비밀을 풀어낸 성경 말씀 그 자체다 오늘날 기독교의 가르침처럼 자신이 배운 지식과 학문과 경험을 토대로 사람의 지혜와 상식으로써 가르치는 인간들의 혼잡스러운 주장과 자기 해석이 아니다 성경 말씀을 자신들의 입맛대로 해석하고 풀이한 억지 된 주장으로 성경 말씀의 본연의 뜻 자체를 오히려 부정하고 부인해 버리는 인간 중심(인본주의)의 가르침이 가톨릭과 기독교의 중심이요 성도들 또한 하나같이 이를 쉽게 받아들이는지라 세상과 더불어 물질과 겸하여 하나님을 섬기려는 자신들의 육신의 믿음을 합리화하기 위함에 평생을 듣기만 하며 말과 지식뿐인 가르침을 좇는 것이다.

..그 중에 알기 어려운 것이 더러 있으니 무식한 자들과 굳세지 못한 자들이 다른 성경과 같이 그것도 억지로 풀다가 스스로 멸망에 이르느니라 그러므로 사랑하는 자들아 너희가 이것을 미리 알았은즉 무법한 자들의 미혹에 이끌려 너희 굳센데서 떨어질까 삼가라 (벧후 3장15~17)

본 저자의 저서 중 모세의 가시나무떨기, 심판, 변개된 성경의 내용들은 지금까지 모든 기독교인들이 눈이 있어도 보지 못하고 귀가 있어도 듣지 못한 내용들이요 이에 인간의 지혜로는 절대로 가르치고 배울 수 없는 내용들이다 하나님의 말씀을 더하고 빠뜨려 자신의 주장을 합리화하여 하나님의 말씀보다 높이고 자신의 주장을 절대화한 믿음들이 가르치고 배우는 연고로, 기독교는 말씀보다는 개개인이 배우고 들은 이론이 하나님이요 자신들의 입맛대로 난 해석이 말씀이요 믿음이 되어 버렸다 기독교인들은 자신의 생각이 절대적인 신이요 자신의 주장과 판단이 스스로 신격화된 자들이라 그저 한두 구절의 말씀을 이용한 말의 감동(설교)과 비유를 들어 단어와 숫자까지도 임의적으로 해석하는 억지가 만들어 낸 황당한 풀이와, 인간의 학문을 바탕으로 하는 사상과 인간사의 교훈을 바탕으로 한 인간의 견해가 말씀의 근본과 진의를 부정하고 부인한 연고로, 기독교 안에 이단들이 우후죽순으로 끊임없이 생겨날 수밖에 없는 것이 기독교의 참담한 현실이요 이들의 가르침은 그저 평생을 말로만 떠드는 자신들을 합리화하고 평생을 듣기만 하는 성도들을 위한 아첨의 교훈과 축복의 감동일 뿐이라 이는 하나님의 사랑 안에서 피어오르는 아름다운 신의 지혜 자체를 모르는 소경들의 말의 감동만을 앞세운 억지 된 주장과 편견이기에 빛과 소금처럼 본과 귀감이 되기는커녕 오히려 손가락질의 대상이 되어 버린 것이다 평생을 말로만 가르치고 평생을 듣기만 하는 신앙들이 자신을 의지하여 자긍하고 주장하는 확신을 마치 그리스도의 사랑을 지닌 그리스도인의 믿음과 그리스도인의 구원인 양 합리화하기에, 빛과 소금처럼 본과 귀감이 되기는커녕 그리스도의 십자가의 사랑과 오히려 원수가 되어 세상인들에게 하나님을 욕보이고 개독교라는 손가락질을 받는 것이다.

모든 이론을 파하며 하나님 아는 것을 대적하여 높아진 것을 다 파하고 모든 생각을 사로잡아 그리스도에게 복종케 하니 너희의 복종이 온전히 될 때에 모든 복종치 않는 것을 벌하려고 예비하는 중에 있노라 (고후 10장5~6)

자신의 목숨까지도 바치는 그리스도의 아름다운 사랑이 없는, 평생을 말의 감동만 가르치는 자들과 평생을 듣기만 하는 지식적 종교인들의 모든 이론을 다 파하고 이에 대하여 책망하시기 위함에 심판의 날이 존재 되는 것이다 하나님의 사랑을 온 땅에 나타내고 증거하시기 위함에 그리스도께서 이 땅에 오시어 목숨까지도 바치는 아름다운 십자가의 사랑과 희생을 보이신 것이라 이에 이러한 그리스도의 사랑이 없는 기독교의 믿음과 구원과 가르침과 배움은 다 일축하여 사랑이 없는 죽은 믿음이요 대적이요 원수요 이단일 뿐이다 오늘날 모든 기독교인들은 하나같이 성경 말씀을 인간의 육체의 욕구를 좇아 난 본질대로 자신의 입맛대로 해석하고 주장하여 자신의 모든 것을 신격화 믿음화 말씀화 하고 있는 자신들의 교만을 알지 못한 채 평생을 죄만 반복하고 있는 자신들을 합리화하는 해석과 풀이와 억지와 거짓과 변명만 늘어가는 신앙들이요, 말씀에 비추어 자신의 잘못된 판단과 기준을 바로잡고자 함이 아니라 평생을 죄만 반복하는 자신을 변명하고 합리화시키기 위해 평생을 말만 앞세우며 평생을 듣기만 하는 자들인지라 그리스도의 사랑을 좇아 난 실천은 외면한 채 자신들의 지식적인 판단만 앞세운 믿음들이다 다시 말하면 자신들의 주장 자체가 곧 말씀이 되어 버렸고 자신들의 생각 자체가 하나님이 되었고 자신들의 혈기에서 비롯된 확신이 믿음이 되어 오히려 그리스도의 사랑을 부인하는 자긍과 교만이 이들의 믿음과 신앙의 실체가 되어 버렸으나, 이러한 자신의 믿음의 모습을 전혀 깨닫지 못하는 소경들이다 성경 말씀에 입각한 그리스도인의 삶(영의 삶)은 살지도 않으면서 영적임을 운운하고 신의 경전인 성경 말씀을 한낱 인간인 자신들의 입맛대로 해석하고 풀이하는 연고로, 성경 말씀에 기록된 어떠한 열매와 증거도 없이 자신들이 마치 영의 삶을 사는 그리스도인인 양 자부하고 착각하는 것이다 이러한 망상과 교만에 빠진 성도들을 돌이키도록 인도하고자 함이니, 이 천국 복음이 온 땅에 전파되리니 그제야 끝이 오리라(마 24장14) 라는 기록된 말씀을 이루기 위함이라 눈이 있어도 보지 못하고 귀가 있어도 듣지 못하는 교만한 백성들아! 하나님의 말씀이 두렵지 않느냐! 두려움으로 하나님을 섬기지 못하는 자 능히 화 있을진저!

민간에 또한 거짓 선지자들이 일어났었나니 이와 같이 너희 중에도 거짓 선생들이 있으리라 저희는 멸망케 할 이단을 가만히 끌어들여 자기들을 사신 주를 부인하고 임박한 멸망을 스스로 취하는 자들이라 여럿이 저희 호색하는 것을 좇으리니 이로 인하여 진리의 도가 훼방을 받을 것이요 저희가 탐심을 인하여 지은 말을 가지고 너희로 이를 삼으니 저희 심판은 옛적부터 지체하지 아니하며 저희 멸망은 자지 아니하느니라(벧후 2장1~3)

평생을 죄짓고 후회하고 반성하면서도 뒤돌아 또 죄를 반복하는 삶을 죽을 때까지 반복할 수밖에 없는 자들이 마치 그리스도인인 양 여기는 당당함과 뻔뻔함의 교만함은 오히려 하나님의 거룩하신 이름을 온 세상인들에게 욕되게 하고 그리스도의 아름다운 사랑과 희생을 버러지만도 못하게 만들어 버린 결과만 낳았으니, 자신의 망령된 믿음을 깨닫지 못하고 전혀 알지 못하는 안하무인격의 무지가 믿음이 되고 무식이 눈과 귀를 가리우는 소경이 되었도다.

육체를 따라 더러운 정욕 가운데서 행하며 주관하는 이를 멸시하는 자들에게 특별히 형벌하실 줄을 아시느니라 이들은 담대하고 고집하여 떨지 않고 영광 있는 자를 훼방하거니와 더 큰 힘과 능력을 가진 천사들이라도 주 앞에서 저희를 거스려 훼방하는 송사를 하지 아니하느니라 그러나 이 사람들은 본래 잡혀 죽기 위하여 난 이성 없는 짐승 같아서 그 알지 못한 것을 훼방하고 저희 멸망 가운데서 멸망을 당하며 불의의 값으로 불의를 당하며 낮에 연락을 기쁘게 여기는 자들이니 점과 흠이라 너희와 함께 연회할 때에 저희 간사한 가운데 연락하며 음심이 가득한 눈을 가지고 범죄하기를 쉬지 아니하고 굳세지 못한 영혼들을 유혹하며 탐욕에 연단된 마음을 가진 자들이니 저주의 자식이라(벧후 2장10~14)

평생을 말로만 가르치고 평생을 듣기만 하는 신앙의 한계로는 육신을 좇아 평생을 죄만 반복할 수밖에 없는 죄의 굴레에서 절대로 벗어날 수 없다 그러나 육체의 욕구를 좇아 평생을 죄만 반복하는 육신의 믿음을 그리스도인의 믿음인 양 여기는 탓에 본과 귀감이 되기는커녕 주변 사람들에게 손가락질의 대상이 되어 버린 목사와 성도들이 어떻게 빛과 소금처럼 본과 귀감이 되랴! 평생을 하나마나한 회개와 죄를 반복하는 가톨릭과 기독교인들은 결코 빛과 소금처럼 본과 귀감이 되는 그리스도인이 아닌, 그저 죄의 종이요 마귀의 자식일 뿐이라.

죄를 짓는 자는 마귀에게 속하나니 마귀는 처음부터 범죄함이니라 하나님의 아들이 나타나신 것은 마귀의 일을 멸하려 하심이니라 하나님께로서 난 자마다 죄를 짓지 아니하나니 이는 하나님의 씨가 그의 속에 거함이요 저도 범죄치 못하는 것은 하나님께로서 났음이라 이러므로 하나님의 자녀들과 마귀의 자녀들이 나타나나니 무릇 의를 행치 아니하는 자나 또는 그 형제를 사랑치 아니하는 자는 하나님께 속하지 아니하니라(요1 3장8~10)

진실로 진실로 너희에게 이르노니 죄를 범하는 자마다 죄의 종이라(요 8장34)

육신을 따라 난 이스라엘을 보라 제물을 먹는 자들이 제단에 참예하는 자들이 아니냐 그런즉 내가 무엇을 말하느뇨 우상의 제물은 무엇이며 우상은 무엇이라 하느뇨 대저 이방인의 제사하는 것은 귀신에게 하는 것이요 하나님께 제사하는 것이 아니니 나는 너희가 귀신과 교제하는 자 되기를 원치 아니하노라 너희가 주의 잔과 귀신의 잔을 겸하여 마시지 못하고 주의 상과 귀신의 상에 겸하여 참예치 못하리라(고전 10장18~21)

하나님의 지혜는 인간의 머리와 지능을 바탕으로 초등 학문(인간의 학문)을 통해 배우고 익힌 지식이나 말의 감동을 좇아 난 감정적인 교훈이 아니라 하늘로부터 오는, 하나님의 사랑 안에서 나오는 지혜다.

너희 중에 지혜와 총명이 있는 자가 누구뇨 그는 선행으로 말미암아 지혜의 온유함으로 그 행함을 보일찌니라 그러나 너희 마음 속에 독한 시기와 다툼이 있으면 자랑하지 말라 진리를 거스려 거짓하지 말라 이러한 지혜는 위로부터 내려온 것이 아니요 세상적이요 정욕적이요 마귀적이니 시기와 다툼이 있는 곳에는 요란과 모든 악한 일이 있음이니라 오직 위로부터 난 지혜는 첫째 성결하고 다음에 화평하고 관용하고 양순하며 긍휼과 선한 열매가 가득하고 편벽과 거짓이 없나니 화평케 하는 자들은 화평으로 심어 의의 열매를 거두느니라 (약 3장13~18)

육신을 좇지 않고 그 영을 좇아 행하는 우리에게 율법의 요구를 이루어지게 하려 하심이니라 육신을 좇는 자는 육신의 일을, 영을 좇는 자는 영의 일을 생각하나니 육신의 생각은 사망이요 영의 생각은 생명과 평안이니라(롬 8장4~6)

우리 주 예수 그리스도로 말미암아 하나님께 감사하리로다 그런즉 내 자신이 마음으로는 하나님의 법을, 육신으로는 죄의 법을 섬기노라(롬 7장25)

너희는 여호와의 책을 자세히 읽어보라 이것들이 하나도 빠진 것이 없고 하나도 그 짝이 없는 것이 없으리니 이는 여호와의 입이 이를 명하셨고 그의 신이 이것들을 모으셨음이라 (사 34장16)

모세의 가시나무떨기

모세의 가시나무떨기

성경을 본 수많은 사람들이 그리스도께서 언급하셨던 모세의 가시나무떨기에 도대체 무슨 내용이 기록되어 있었는지 궁금해하지만 실제로 이 모세의 가시나무떨기에 어떠한 내용들이 기록되어 있었는지는 성경학자들 조차도 전혀 감지하지 못한다 필자가 모세의 가시나무떨기의 비밀을 밝히는 것은 단순히 사람들의 호기심을 자극하기 위함이 아니요 이 모세의 가시나무떨기의 비밀을 풀어 자신의 이름을 찾지 못하면 어느 누구도 구원될 수 없기 때문이다 이에 모세의 가시나무떨기의 내용은 천국 비밀의 열쇠요 구원의 열쇠라 그 무엇보다도 가장 중요하고 가장 큰 하늘의 비밀이기에 하나님을 믿는다고 하는 모든 자들이 반드시 알아야 할 매우 중요한 내용이다 이 모세의 가시나무떨기란 책이 구원과 무슨 관련이 있냐고 반문할 수 있으나, 앞으로 읽게 될 내용만 보아도 믿는다고 하는 대다수의 사람들은 적지 않은 충격을 받을 것이다 그리스도께서 오셨을 당시 "아브라함의 하나님 이삭의 하나님 야곱의 하나님이시라 칭하였나니 하나님은 죽은 자의 하나님이 아니요 산 자의 하나님이시라"(눅 20장37~40) 하신 그리스도의 말씀을 듣던 무리들이 왜! 놀라워하고 감히 반문할 사람이 없었는지에 대해 명명백백히 밝히고자 함이라 또한 필자가 모세의 가시나무떨기에 대해서 명명백백하게 알 수밖에 없는 근본 이유를 알게 될 것이다.

죽은 자의 살아난다는 것은 모세도 가시나무떨기에 관한 글에 보였으되 주를 아브라함의 하나님이요 이삭의 하나님이요 야곱의 하나님이시라 칭하였나니 하나님은 죽은 자의 하나님이 아니요 산 자의 하나님이시라 하나님에게는 모든 사람이 살았느니라 하시니 서기관 중 어떤 이들이 말하되 선생이여 말씀이 옳으니이다 하니 저희는 아무 것도 감히 더 물을 수 없음이더라(눅 20장37~40)

나는 아브라함의 하나님이요 이삭의 하나님이요 야곱의 하나님이로라 하신 것을 읽어 보지 못하였느냐 하나님은 죽은 자의 하나님이 아니요 산 자의 하나님이시니라 하시니 무리가 듣고 그의 가르치심에 놀라더라(마 22장32~33)

위 말씀의 내용만으로는 당시 모세의 가시나무떨기라는 책에 무엇이 기록되어 있었는지 알 수가 없다 또한 하나님은 죽은 자의 하나님이 아니요 산 자의 하나님이시라 하신 그리스도의 말씀에 듣는 이들 모두 감히 반문할 자가 없을 만큼 놀라워했다고 기록되어 있으나, 정작 그리스도께서 어떠한 말씀을 하셨기에 듣는 이들이 하나같이 놀라워했는지에 대한 근거와 자세한 내용들을 오늘날 우리가 보고 있는 성경에서는 전혀 찾아 볼 수 없기에 이 말씀 구절이 이해가 안 될 수밖에 없다 논리적으로 보면 나는 아브라함의 하나님이요 이삭의 하나님이요 야곱의 하나님이로라 칭하였나니 하나님은 죽은 자의 하나님이 아니요 산 자의 하나님이시라는 이 말씀은 듣는 이들이 다 놀라워할 만큼의 놀라운 말씀이 전혀 아니기 때문이요 그저 이 말씀만 가지고 놀라워할 사람은 솔직히 이 지구상에 단 한 명도 없을 것이다 이처럼 이 내용이 논리적으로 맞지 않는 것은 그리스도께서 모세의 가시나무떨기에 기록되어 있다고 언급하신 말씀, 즉 모든 성도들이 놀라워할 만한 성경의 내용이 모두 삭제되었기 때문이다 성경이 삭제되었다는 것이 믿기지 않는 이들도 있겠으나, 과거 로마의 콘스탄티누스(콘스탄틴) 왕이 성경 말씀에 기록된 예언으로 오는 선지자들의 명분과 근거를 없애기 위함에 수많은 성경 말씀을 변개하고 삭제했다는 근거가 유세비우스 학자의 참회록에 기록되어 있으며, 오늘날 전 세계에 널리 퍼져 있는 킹 제임스 성경의 머리글에도 무려 수천 군데나 변개되고 삭제되었다고 기록되어 있다 그러나 수천 군데가 아니라 지금의 성경의 최소한 7배 이상을 인멸하고 없애 버린 것이요 히브리어로 기록되어 있던 성경을 헬라어로 바꿔 버린 것이다.

예수의 행하신 일이 이 외에도 많으니 만일 낱낱이 기록된다면 이 세상이라도 이 기록된 책을 두기에 부족할줄 아노라(요 21장25)

신약 또한 이스라엘의 경전이기에 구약과 마찬가지로 히브리어로 기록되어 있어야 하나, 성경을 변개하고 삭제하기 위하여 히브리어로 기록되어 있던 성경을 콘스탄틴 왕이 헬라어로 바꾼 것이다 이스라엘의 하나님이요 이스라엘의 양들을 구원하기 위하여 오신 그리스도와 그의 사도들이 귀신과 잡신을 섬기는 로마인의 언어인 헬라어로 기록할 이유가 전혀 없다 그러나 오늘날 우리가 보고 있는 신약은 모두 헬라어로 기록되어 있다 신약이 헬라어다? 상식이 있고 양심이 있는 자들은 들으라! 이스라엘의 하나님, 이스라엘의 구원자 그리스도께서 과연 이방인의 나라인 로마의 언어로 신약을 전파하셨겠는가! 누가 무엇을 언제 왜 히브리어로 되어 있던 원본을 헬라어로 바꾸었느냐에 대하여는 이 책을 읽다 보면 명백하게 풀어질 것이기에 합리적이고 기본적인 상식을 가지고 읽어 주길 바란다. (참조: 킹 제임스 성경 머리글, 본 저자의 변개된 성경)

하나님의 영광이 있으매 그 성의 빛이 지극히 귀한 보석 같고 벽옥과 수정 같이 맑더라 크고 높은 성곽이 있고 열 두 문이 있는데 문에 열 두 천사가 있고 그 문들 위에 이름을 썼으니 이스라엘 자손 열 두 지파의 이름들이라 동편에 세 문, 북편에 세 문, 남편에 세 문, 서편에 세 문이니 그 성에 성곽은 열 두 기초석이 있고 그 위에 어린양의 십 이 사도의 열 두 이름이 있더라 내게 말하는 자가 그 성과 그 문들과 성곽을 척량하려고 금 갈대를 가졌더라 그 성은 네모가 반듯하여 장광이 같은지라 그 갈대로 그 성을 척량하니 일만 이천 스다디온이요 장과 광과 고가 같더라 그 성곽을 척량하매 일백 사십 사 규빗이니 사람의 척량 곧 천사의 척량이라 그 성곽은 벽옥으로 쌓였고 그 성은 정금인데 맑은 유리 같더라 그 성의 성곽의 기초석은 각색 보석으로 꾸몄는데 첫째 기초석은 벽옥이요 둘째는 남보석이요 세째는 옥수요 네째는 녹보석이요 다섯째는 홍마노요 여섯째는 홍보석이요 일곱째는 황옥이요 여덟째는 녹옥이요 아홉째는 담황옥이요 열째는 비취옥이요 열한째는 청옥이요 열 둘째는 자정이라 그 열두 문은 열 두 진주니 문마다 한 진주요 성의 길은 맑은 유리 같은 정금이더라(계 21장11~21)

그리스도께서 죽은 자 가운데서 다시 살아나셨다 전파되었거늘 너희 중에서 어떤 사람들은 어찌하여 죽은 자 가운데서 부활이 없다 하느냐 만일 죽은 자의 부활이 없으면 그리스도도 다시 살아나지 못하셨으리라 그리스도께서 만일 다시 살아나지 못하셨으면 우리가 전파하는 것도 헛것이요 또 너희 믿음도 헛것이며 또 우리가 하나님의 거짓 증인으로 발견되리니 우리가 하나님이 그리스도를 다시 살리셨다고 증언하였음이라 만일 죽은 자가 다시 살아나는 일이 없으면 하나님이 그리스도를 다시 살리지 아니하셨으리라 만일 죽은 자가 다시 살아나는 일이 없으면 그리스도도 다시 살아나신 일이 없었을 터이요 그리스도께서 다시 살아나신 일이 없으면 너희의 믿음도 헛되고 너희가 여전히 죄 가운데 있을 것이요 또한 그리스도 안에서 잠자는 자도 망하였으리니 만일 그리스도 안에서 우리가 바라는 것이 다만 이 세상의 삶뿐이면 모든 사람 가운데 우리가 더욱 불쌍한 자이리라 그러나 이제 그리스도께서 죽은 자 가운데서 다시 살아 나사 잠자는 자들의 첫 열매가 되셨도다 사망이 한 사람으로 말미암았으니 죽은 자의 부활도 한 사람으로 말미암는도다 아담 안에서 모든 사람이 죽은것 같이 그리스도 안에서 모든 사람이 삶을 얻으리라(고전 15장12~22)

천국은 이스라엘의 열두 지파만이 들어갈 수 있는 이스라엘 열두 지파만의 천국이다 다시 말하면 이스라엘의 열두 지파 외에 다른 민족들은 천국으로 들어갈 문조차도 없는 것이다 말씀에 기록되어 있듯이, 이스라엘의 하나님이시요 이스라엘의 그리스도시요 이스라엘의 성경이라 이에 그리스도께서도 이스라엘의 흩어진 양들을 모으시기 위해 오셨다 하심이라 결단코 이스라엘 민족이 아닌, 한국인이나 미국인이나 중국인이나 여타 다른 민족들은 천국으로 들어가는 문 자체가 없다 다시 말해서 이스라엘의 열두 지파에 해당되는 사람들 외에는 어느 나라든 어느 민족이든 어느 누구도 구원될 수 없다.

오늘날 기독교의 수많은 간증들의 공통점은 하나같이 황인종 흑인종 백인종이 모여 꽃밭에서 노는 식의 천국이다 그러나 성경에는 이스라엘 열두 지파의 천국 외에는 다른 민족의 천국이 존재하지 않는다 이에 기독교의 수많은 간증이 거짓이든지 아니면 성경 말씀이 거짓이든지 둘 중에 하나는 무조건 거짓이다 성경은 이스라엘을 위해서 존재 되는 신의 경전이다 따라서 자신들의 목사의 이름이 기록되어 있다는 한국 사람들의 간증과 죽은 이들이 젊었을 때 가장 아름다운 모습으로 천국에 있다는 간증 또한 성경 말씀에 전혀 없는 100% 거짓 간증이다.

지혜를 얻는 자는 자기 영혼을 사랑하고 명철을 지키는 자는 복을 얻느니라 거짓 증인은 벌을 면치 못할 것이요 거짓말을 내는 자는 망할 것이니라(잠 19장8~9)

내 아들아 지식의 말씀에서 떠나게 하는 교훈을 듣지 말찌니라 망령된 증인은 공의를 업신여기고 악인의 입은 죄악을 삼키느니라 심판은 거만한 자를 위하여 예비된 것이요 채찍은 어리석은 자의 등을 위하여 예비된 것이니라(잠 19장27~29)

두려워하는 자들과 믿지 아니하는 자들과 흉악한 자들과 살인자들과 음행하는 자들과 점술가들과 우상 숭배자들과 거짓말하는 모든 자들은 불과 유황으로 타는 못에 던져지리니 이것이 둘째 사망이라(계 21장8)

인간이 성경을 믿는 것은 참이라고 생각하기 때문일 것이다 그러나 오늘날 가톨릭과 기독교는 성경을 믿는다고 하면서도 성경 말씀 어디에도 없는 간증과 내용을 가르치며 말씀을 제멋대로 해석하여 본연의 뜻조차 왜곡시키는 목사와 신부들의 황당한 해석이 신격화된 종교들이다.

하늘에 속한 형체도 있고 땅에 속한 형체도 있으나 하늘에 속한 자의 영광이 따로 있고 땅에 속한 자의 영광이 따로 있으니 해의 영광도 다르며 달의 영광도 다르며 별의 영광도 다른데 별과 별의 영광이 다르도다(고전 15장40~41)

..거기로서 구원하는 자 곧 주 예수 그리스도를 기다리노니 그가 만물을 자기에게 복종케 하실 수 있는 자의 역사로 우리의 낮은 몸을 자기 영광의 몸의 형체와 같이 변케 하시리라 (빌 3장20~21)

성경 말씀에는 하나님의 형상을 닮은 하늘에 속한 몸체와 땅에 속한 인간의 몸체가 전혀 다르다고 기록되어 있으며, 구원의 날에 구원자들의 몸체도 하나님을 닮은 영광의 몸체로 변한다고 나와 있다 그런데 기독교인들의 간증에서는 이 말씀에 입각한 예문을 찾아 볼 수가 없는 황당한 간증들이 대부분이요 이들의 천국 간증 또한 말씀과는 완전히 상반되거나 말씀에 없는 거짓말들이 태반이다 말씀에도 없는 이러한 거짓 간증들이 매스컴과 인터넷상에 우후죽순으로 퍼져 있다 말씀 중심이라는 허울좋은 명분만 있을 뿐 실제로는 말씀을 악용한 인간의 해석과 주장이 신격화된 까닭으로, 성경 말씀을 가르친다는 목사들이 오히려 말씀을 가장 많이 부정하고 가장 많이 변개하고 가장 많이 부인하고 가장 많이 멸시한 이단이요 원수요 적그리스도가 되어 있다 이는 십자가의 사랑을 좇아 난 고난과 희생과 수고를 부인하기 위함에 평생을 말로만 가르치는 까닭이요 성경 말씀 자체를 완전히 무시하고 멸시한 결과라 시작과 명분만 성경 말씀일 뿐 평생을 말로만 가르치기 위한 자신들의 엉터리 해석과 황당한 풀이가 신격화되어 말씀화되고 하나님화된 것이다 말로는 말씀 중심이라고 하나, 실제로는 세상과 더불어 물질과 겸하여 하나님을 섬기는 육신의 믿음을 좇으며 자신들의 입맛대로 해석한 주장을 성경 말씀인 양 하는 자들인지라 이에 모든 목사들이 신격화될 수밖에 없는 것이다 하나님께서 목자를 세우신 근본 이유는 십일조와 헌물을 통하여 양들에게 먹이고 베풀고 나누어

주어 서로 위하고 아끼고 섬기도록 하는 본과 귀감의 아름다운 사랑을 온 땅에 전파하려 하심이다 다시 말해서 말씀도 안식일도 목자도 헌물도 은사도 방언도 성령도 하나같이 사랑을 위해 존재 되는 것이다 이 모든 것은 사랑이신 하나님의 성품을 좇아 사랑의 나라로 인도하시기 위함에 존재 되는 이상이기 때문이라.

사랑하는 자들아 우리가 서로 사랑하자 사랑은 하나님께 속한 것이니 사랑하는 자마다 하나님께로 나서 하나님을 알고 사랑하지 아니하는 자는 하나님을 알지 못하나니 이는 하나님은 사랑이심이라..(요1 4장7~11)

피차 사랑의 빚 외에는 아무에게든지 아무 빚도 지지 말라 남을 사랑하는 자는 율법을 다 이루었느니라 간음하지 말라, 살인하지 말라, 도적질 하지 말라, 탐내지 말라 한 것과 그 외에 다른 계명이 있을찌라도 네 이웃을 네 자신과 같이 사랑하라 하신 그 말씀 가운데 다 들었느니라 사랑은 이웃에게 악을 행치 아니하나니 그러므로 사랑은 율법의 완성이니라 (롬 13장8~10)

사랑하는 자여 악한 것을 본받지 말고 선한 것을 본받으라 선을 행하는 자는 하나님께 속하고 악을 행하는 자는 하나님을 뵈옵지 못하였느니라(요3 1장11)

악한 자의 임함은 사단의 역사를 따라 모든 능력과 표적과 거짓 기적과 불의의 모든 속임으로 멸망하는 자들에게 임하리니 이는 저희가 진리의 사랑을 받지 아니하여 구원함을 얻지 못함이니라 이러므로 하나님이 유혹을 저의 가운데 역사 하게 하사 거짓 것을 믿게 하심은 진리를 믿지 않고 불의를 좋아하는 모든 자로 심판을 받게 하려 하심이니라(살후 2장9~12)

오늘날 기독교로 말미암아 혹은 목사들의 설교를 좇아 구원에 이를 것이라고 여기는 자는 평생을 말로만 가르치는 자요 평생을 듣기만 하는 신앙일 뿐이다 다시 말해 이들은 그리스도의 십자가의 사랑과 희생과 수고와 고난은 회피하고 그저 평생을 말로만 가르치고 듣기만 하는 신앙으로 구원을 거저먹겠다는 식이요, 사랑이신 하나님의 말씀을 완전히 배반한 자들이며 그리스도의 보혈과 희생을 욕보이는 자들이요, 말씀 중심이라고 자부하고 자긍하나 정작 성경 말씀의 내용은 멸시한 채 자신의 교만된 주장과 사고와 판단을 절대화하여 말씀인 양, 믿음인 양, 하나님인 양하는 자들이요 이에 믿는다고 하는 기독교인들이 오히려 세상인들에게 하나님을 욕보이고 있는 것이다.

우리가 형제를 사랑함으로 사망에서 옮겨 생명으로 들어간 줄을 알거니와 사랑치 아니하는 자는 사망에 거하느니라(요1 3장14)

저희가 진리의 사랑을 받지 아니하여 구원함을 얻지 못함이니라(살후 2장10)

이로써 우리가 사랑을 좇아 그의 피로 말미암아 의롭다 하심을 받았으니 우리가 사랑을 좇아 난 소망으로 난 은사로써 진노하심에서 벗어나 구원을 받을 것이니 이는 세상을 좇아서 원수 되었을 때에 그의 아들의 죽으심으로 말미암아 사랑을 좇아 하나님과 화목하게 되었은즉 우리 또한 화목하게 된 자로서는 사랑 안에서 부활하심에 영광을 좇아난 구원의 소망을 이루어 가는 것이라(롬 5장9~10)

죄만 반복하는 가톨릭(로마교)과 기독교의 모든 성도들은 마귀의 자녀요 결코 하나님의 자녀가 아니다(요1 3장6~10) 하나님의 자녀는 결단코 후회하고 반성하면서도 뒤돌아 또 죄를 범하는 육신의 삶을 살지 않는다 그리스도의 사랑을 좇아 난 영의 삶을 사는 것이 아니라 그저 육신을 좇아 자신의 정욕을 위해 믿는 믿음은 항상 이해관계 속에 죄를 반복할 수밖에 없다 그래서 아무리 후회하고 반성하며 발버둥치고 몸부림쳐도 뒤돌아 죄만 반복할 수밖에 없는 믿음들이 오늘날 가톨릭과 기독교인들의 한계요 그저 죄에서 벗어날 수 없는 마귀의 자식일 뿐이다.

그 안에 거하는 자마다 범죄하지 아니하나니 범죄하는 자마다 그를 보지도 못하였고 그를 알지도 못하였느니라 자녀들아 아무도 너희를 미혹하지 못하게 하라 의를 행하는 자는 그의 의로우심과 같이 의롭고 죄를 짓는 자는 마귀에게 속하나니 마귀는 처음부터 범죄함이라 하나님의 아들이 나타나신 것은 마귀의 일을 멸하려 하심이라 하나님께로부터 난 자마다 죄를 짓지 아니하나니 이는 하나님의 씨가 그의 속에 거함이요 그도 범죄 하지 못하는 것은 하나님께로부터 났음이라 이러므로 하나님의 자녀들과 마귀의 자녀들이 드러나나니 무릇 의를 행하지 아니하는 자나 또는 그 형제를 사랑하지 아니하는 자는 하나님께 속하지 아니하니라 (요1 3장6~10)

사랑하는 자들아 영을 다 믿지 말고 오직 영들이 하나님께 속하였나 시험하라 많은 거짓 선지자가 세상에 나왔음이니라(요1 4장1)

진리는 인간의 머리로 배우고 익히고 깨닫는 사람의 교훈과 지식과 이론이 아니라, 성경 말씀 자체를 자신의 몸으로써 체휼하여 느끼고 배우고 익히는 것이다 다른 제삼자의 교훈과 경험과 지식과 믿음을 보고 듣는 간접적인 경험으로 느끼는 감동으로 각성하고 다짐하고 결심하고 의욕 하고 확신하는 인간의 상식적인 가치의 사람의 교훈이 전혀 아니다 사람의 상식과 이해와 이상을 뛰어넘는 사랑 안에 역사하는 능력의 지혜요 머리가 아닌 마음으로부터 얻어지는, 신의 능력이 역사하는 지혜다 다시 말해 절대로 다른 사람의 교훈과 경험을 머리와 지식으로 공부하거나 들음으로써 간접적으로 알 수 있고 습득할 수 있는 인간의 상식적인 가치의 교훈이 전혀 아니라는 것이다 그러나 모든 인간은 매우 어릴 때부터 머리를 통해 배우고 익히고 깨닫는 사람의 교육 방식과 상식에 길들여져 있는 연고로 진리마저도 이러한 상식적인 가치로 여기는지라, 그저 말뿐인 사람의 교훈을 마치 하나님의 진리인 양 가르치고 배우는 기독교의 설교와 신앙을 일말의 거리낌조차 없이 당연시 받아들이고 있는 것이다.

저런 사람들은 거짓 사도요 궤휼의 역군이니 자기를 그리스도의 사도로 가장 하는 자들이니라 이것이 이상한 일이 아니라 사단도 자기를 광명의 천사로 가장하나니 그러므로 사단의 일군들도 자기를 의의 일군으로 가장 하는 것이 또한 큰 일이 아니라 저희의 결국은 그 행위대로 되리라(고후 11장13~15)

사랑하는 자들아 영을 다 믿지 말고 오직 영들이 하나님께 속하였나 시험하라 많은 거짓 선지자가 세상에 나왔음이니라 하나님의 영은 이것으로 알 찌니 곧 예수 그리스도께서 육체로 오신 것을 시인하는 영마다 하나님께 속한 것이요 예수를 시인하지 아니하는 영마다 하나님께 속한 것이 아니니 이것이 곧 적그리스도의 영이니라 오리라 한 말을 너희가 들었거니와 이제 벌써 세상에 있느니라 자녀들아 너희는 하나님께 속하였고 또 저희를 이기었나니 이는 너희 안에 계신 이가 세상에 있는 이보다 크심이라 저희는 세상에 속한 고로 세상에 속한 말을 하매 세상이 저희 말을 듣느니라 우리는 하나님께 속하였으니 하나님을 아는 자는 우리의 말을 듣고 하나님께 속하지 아니한 자는 우리의 말을 듣지 아니하나니 진리의 영과 미혹의 영을 이로써 아느니라(요1 4장1~6)

아래의 말씀 구절은 당시 그리스도께서 그리스도를 핍박하던 거짓 목자들을 향하여 "너희들 또한 무섭고 두려운 심판의 날에 다시 태어날 것이며 내가 하나님의 우편에 앉아 하늘 구름을 타고 오는 것을, 심판으로 갈 수밖에 없는 가라지들 사이에서 보게 될 것이라"고 예언하신 말씀이다 이는 과거 그리스도를 핍박하고 죽인 대제사장들 또한 다시 태어나 심판의 날에 심판과 멸망으로 들어갈 것이라는 예언이다.

대제사장이 일어서서 예수께 묻되 아무 대답도 없느냐 이 사람들의 너를 치는 증거가 어떠하뇨 하되 예수께서 잠잠하시거늘 대제사장이 가로되 내가 너로 살아 계신 하나님께 맹세하게 하노니 네가 하나님의 아들 그리스도인지 우리에게 말하라 예수께서 가라사대 네가 말하였느니라 그러나 내가 너희에게 이르노니 이 후에 인자가 권능의 우편에 앉은 것과 하늘구름을 타고 오는 것을 너희가 보리라 하시니 이에 대제사장이 자기 옷을 찢으며 가로되 저가 참람한 말을 하였으니 어찌 더 증인을 요구 하리요 보라 너희가 지금 이 참람한 말을 들었도다 (마 26장62~65)

볼찌어다 구름을 타고 오시리라 각인의 눈이 그를 보겠고 그를 찌른 자들도 볼터이요 땅에 있는 모든 족속이 그를 인하여 애곡하리니 그러하리라 아멘(계 1장7)

명심하고 또 명심하라! 오늘날 목자라고 가르치고 있는 자들 가운데 과거에 그리스도를 죽인 적그리스도가 분명히 있나니 당신 앞에 가르치고 있는 목사나 신부일 수도 있음이라 이들은 과거 노아의 시대 때부터 하나님을 좇지 않았던 멸망의 자녀요 과거에 하나님의 목자를 핍박하고 죽인 자들이며 말씀을 변개하고 삭제한 자들이요 그리스도와 그의 제자들을 핍박하고 죽인 자들이라.

그리스도께서도 한번 죄를 위하여 죽으사 의인으로서 불의한 자를 대신하셨으니 이는 우리를 하나님 앞으로 인도하려 하심이라 육체로는 죽임을 당하시고 영으로는 살리심을 받으셨으니 저가 또한 영으로 옥에 있는 영들에게 전파하시니라 그들은 전에 노아의 날 방주 예비할 동안 하나님이 오래 참고 기다리실 때에 순종치 아니하던 자들이라 방주에서 물로 말미암아 구원을 얻은 자가 몇명 뿐이니 겨우 여덟 명이라(벧전 3장18~20)

내가 또 보니 보좌와 네 생물과 장로들 사이에 어린 양이 섰는데 일찍 죽임을 당한것 같더라 일곱 뿔과 일곱 눈이 있으니 이 눈은 온 땅에 보내심을 입은 하나님의 일곱 영이더라 어린 양이 나아와서 보좌에 앉으신 이의 오른손에서 책을 취하시니라(계 5장6~7)

인자가 아버지의 영광으로 그 천사들과 함께 오리니 그 때에 각 사람의 행한대로 갚으리라 진실로 너희에게 이르노니 여기 섰는 사람 중에 죽기 전에 인자가 그 왕권을 가지고 오는 것을 볼 자들도 있느니라(마 16장27~28)

또 저희에게 이르시되 내가 진실로 너희에게 이르노니 여기 섰는 사람 중에 죽기 전에 하나님의 나라가 권능으로 임하는 것을 볼 자들도 있느니라 하시니라(막 9장1)

거짓 그리스도들과 거짓 선지자들이 일어나 큰 표적과 기사를 보이어 할 수만 있으면 택하신 자들도 미혹하게 하리라(마 24장24)

또한 주께서 그 당시 제자들에게도 예언하시기를 심판의 날에 그리스도께서 하늘 구름을 타고 내려오실 때에 제자들 중에서도 주를 볼 자가 있을 것이라고 명명백백히 예언하셨다 다시 말하면 그리스도를 핍박하고 죽인 거짓 목자들도, 그리스도의 제자들도 심판의 날에 거듭 태어날 것이나 그날에 거짓 목자들은 심판으로 갈 가라지들 사이에서, 제자들은 구원에 이를 알곡들 사이에서 주께서 하늘 구름을 타고 내려오시는 것을 보게 될 것이라는 예언이다.

외치는 자의 소리여 가로되 너희는 광야에서 여호와의 길을 예비하라 사막에서 우리 하나님의 대로를 평탄케 하라(사 40장3)

예수께서 대답하여 가라사대 엘리야가 과연 먼저 와서 모든 일을 회복하리라 내가 너희에게 말하노니 엘리야가 이미 왔으되 사람들이 알지 못하고 임의로 대우하였도다 인자도 이와 같이 그들에게 고난을 받으리라 하시니 그제야 제자들이 예수의 말씀하신 것이 세례 요한인 줄을 깨달으니라(마 17장11~13)

그러면 너희가 어찌하여 나갔더냐 선지자를 보려더냐 옳다 내가 너희에게 이르노니 선지자보다도 나은 자니라 기록된바 보라 내가 내 사자를 네 앞에 보내노니 저가 네 길을 네 앞에 예비하리라 하신 것이 이 사람에 대한 말씀이니라 내가 진실로 너희에게 말하노니 여자가 낳은 자 중에 세례 요한보다 큰이가 일어남이 없도다.. 만일 너희가 즐겨 받을찐대 오리라 한 엘리야가 곧 이 사람이니라(마 11장9~14)

위 말씀은 엘리야가 이 땅에 세례 요한으로 거듭 태어나 왔으나 당시의 모든 사람들이 세례 요한으로 온 엘리야를 알아보지 못하고 함부로 대우했다는 내용이다 환생에 관한 수많은 말씀 구절이 과거 콘스탄티누스(콘스탄틴) 왕에 의해 난도질당하듯 인멸되고 삭제되고 변개되었으므로 대부분의 사람들이 거듭 태어나는 환생에 대하여 거부감을 갖거나 생소하게 여겨질 수 있으나, 그럼에도 불구하고 현재 우리가 보고 있는 성경에는 환생에 관한 근거가 많이 남아 있다 당신은 한국 사람이다 그러나 아무리 들어가고 싶어도 한국 사람이 들어갈 수 있는 천국 문은 아예 존재 되지 않는다 오직 이스라엘 열두 지파에 속한 사람들만이 들어갈 수 있는 천국 문이기 때문이다.

성령으로 나를 데리고 크고 높은 산으로 올라가 하나님께로부터 하늘에서 내려오는 거룩한 성 예루살렘을 보이니 하나님의 영광이 있어 그 성의 빛이 지극히 귀한 보석 같고 벽옥과 수정 같이 맑더라 크고 높은 성곽이 있고 열 두 문이 있는데 문에 열두 천사가 있고 그 문들 위에 이름을 썼으니 이스라엘 자손 열 두 지파의 이름들이라 동쪽에 세 문, 북쪽에 세 문, 남쪽에 세 문, 서쪽에 세 문이니 그 성의 성곽에는 열두 기초석이 있고 그 위에는 어린 양의 열 두 사도의 열 두 이름이 있더라(계 21장10~14)

위 말씀은 하나님의 지혜와 비밀을 지닌 자가 아니면 온전히 풀 수가 없다 그러나 보는 바와 같이 이스라엘 자손 열두 지파의 천국 문 외에는 다른 민족의 사람들이 들어갈 문 자체가 없기에, 필자가 이 책을 통해 알리는 구원의 열쇠이자 천국 복음을 증거하는 이 말씀을 인정하지 않으면 한국 사람은 물론 이 지구상에 어느 누구도 절대로 구원될 수 없다 앞서 말한 것처럼 천국 문은 오직 이스라엘 백성 열두 지파만이 들어갈 수 있기 때문이라 그러므로 이에 대한 비밀을 풀어 주는 이 모세의 가시나무떨기는 한국 사람이 천국에 들어갈 수 있는 유일한 구원의 열쇠인 것이다.

초태생이란?

너는 무릇 초태생과 네게 있는 생축의 초태생을 다 구별하여 여호와께 돌리라 수컷은 여호와의 것이니라 나귀의 첫 새끼는 다 어린 양으로 대속할 것이요 그렇게 아니하려면 그 목을 꺾을 것이며 너의 아들 중 모든 장자 된 자는 다 대속할찌니라(출 13장12~13)

그들은 이스라엘 자손 중에서 내게 온전히 드린바 된 자라 이스라엘 자손 중 일절 초태생 곧 모든 처음 난 자의 대신으로 내가 그들을 취하였나니(민 8장16)

보라 내가 이스라엘 자손 중에서 레위인을 택하여 이스라엘 자손 중 모든 첫 태에 처음 난자를 대신케 하였은즉 레위인은 내 것이라 처음 난자는 다 내 것임은 내가 애굽 땅에서 그 처음 난 자를 다 죽이던 날에 이스라엘의 처음 난 자는 사람이나 짐승을 다 거룩히 구별하였음이니 그들은 내 것이 될 것임이니라 나는 여호와니라(민 3장12~13)

이스라엘 자손 중 모든 처음 난자의 대신에 레위인을 취하고 또 그들의 가축 대신에 레위 인의 가축을 취하라 레위인은 내 것이라 나는 여호와니라(민 3장45)

여호와께서 모세에게 일러 가라사대 이스라엘 자손 중에 사람이나 짐승이나 무론하고 초태생은 다 거룩히 구별하여 내게 돌리라 이는 내 것이니라 하시니라(출 13장1~2)

과거 모세는 거듭 태어난 자와 하나님으로부터 처음 태어난 자, 즉 초태생을 장자로서 분별하였으니, 장자는 무조건 초태생이거나 레위인이거나 둘 중에 하나이기 때문이라 초태생은 하나님으로부터 세상에 처음 태어난 자이기에 거듭 태어난 자들과 같지 아니하고 성스러운 자들이니, 이에 오직 이들에게만 거룩하게 구별된 레위지파와 함께 거룩하신 하나님의 일을 담당하게 하심이라 초태생을 구별했다는 것 자체가 인간의 거듭 태어남을 증거함이니 초태생이 하나님으로부터 이 땅에 처음 태어난 자가 아닌, 기독교의 해석대로 여자의 태에서 처음 난 자를 가리킨다면 이는 장자와 같은 말일진대 분명 말씀에 기록되기를 초태생과 장자를 구별하였음이요 이는 거듭 태어남(환생)을 방증하는 것이라 그러므로 몸에 흠이 있는 자, 즉 장애를 가지고 태어난 자를 부정한 자라 말씀하시고 성막을 지키지 못하게 하심은, 몸에 장애를 가지고 태어난 자들은 한가지 특별한 경우 외에는 대부분 지옥에 갔다가 다시 태어난 자들이기 때문이라(레 21장17~21) 이처럼 사람뿐만 아니라 짐승들 또한 초태생과 거듭 태어나는 짐승이 존재함이라 인간의 학문을 중심하고 기준하는 목사들은 황당하게도 여자에게서 처음 태어난 자를 초태생이라 해석하고 있다 그러나 성경에는 여자의 태에서 처음 난 자를 분명히 장자라고 하고 있지 않은가! 이처럼 거듭 태어나는 환생에 관한 말씀의 증거들을 인정하지 아니하면 성경 말씀의 비밀들은 절대로 풀 수 없다 이는 구원으로 이르기에 합당한 자신의 뿌리와 근본을 찾을 수 없기 때문이다 성경의 기본적인 내용조차도 모르는 무지한 자들이 가르치기에 초태생의 뜻조차 엉터리로 해석하는 것이 아닌가! 이처럼 하나님의 비밀과 지혜는 결단코 인간 중심의 사고와 판단으로는 해석하고 풀이할 수 없다는 것을 명백히 밝히는 바라.

..또 우리에게 더 확실한 예언이 있어 어두운데 비취는 등불과 같으니 날이 새어 샛별이 너희 마음에 떠오르기까지 너희가 이것을 주의하는 것이 가하니라 먼저 알 것은 경의 모든 예언은 사사로이 풀 것이 아니니 예언은 언제든지 사람의 뜻으로 낸 것이 아니요 오직 성령의 감동하심을 입은 사람들이 하나님께 받아 말한 것임이니라(벧후 1장18~21)

..그 중에 알기 어려운 것이 더러 있으니 무식한 자들과 굳세지 못한 자들이 다른 성경과 같이 그것도 억지로 풀다가 스스로 멸망에 이르느니라 그러므로 사랑하는 자들아 너희가 이것을 미리 알았은즉 무법한 자들의 미혹에 이끌려 너희 굳센데서 떨어질까 삼가라 (벧후 3장15~17)

오늘날의 성경에 모든 인간이 거듭 태어나는 환생에 관한 수많은 내용들이 과거 로마의 콘스탄티누스(콘스탄틴) 왕에 의해 무자비하게 삭제되어 버린 가장 큰 이유가 여기에 있다 이는 양들에게 먹이고 베풀고 나누어주어야 할 십일조와 헌물을 도둑질하기 위해, 성경 말씀에 기록된 예언으로 오는 하나님의 참된 목자들의 근거를 없애 버린 것이다 다시 말해 엘리야가 세례 요한으로 온 것처럼(마 17장11~13) (마 11장9~14), 그리스도가 이사야의 말씀으로 온 것처럼(사 7장13~14) 하나님의 모든 목자들은 성경에 기록된 예언의 말씀을 좇아서 거듭 태어나 온다는 증거와 명분을 완전히 없애 거짓 목자들을 앞세우고, 절대 권력과 절대복종으로 십일조와 헌물을 도둑질하는 종교 통치를 위한 이해관계에 따라 수많은 성경 구절들을 변개하고 삭제한 것이다.

그 날부터 두로가 한 왕의 년한 같이 칠십년을 잊어버림이 되었다가 칠십년이 필한 후에 두로는 기생 노래의 뜻 같이 될 것이라 잊어버린바 되었던 기생 너여 수금을 가지고 성읍에 두루 행하며 기묘한 곡조로 많은 노래를 불러서 너를 다시 기억케 하라 하였느니라 (사 23장15~16)

여호와의 말씀이 또 내게 임하여 가라사대 인자야 너는 두로 왕에게 이르기를 주 여호와의 말씀에 네 마음이 교만하여 말하기를 나는 신이라 내가 하나님의 자리 곧 바다 중심에 앉았다 하도다 네 마음이 하나님의 마음 같은체 할찌라도 너는 사람이요 신이 아니어늘 네가 다니엘보다 지혜로 와서 은밀한 것을 깨닫지 못할 것이 없다 하고 네 지혜와 총명으로 재물을 얻었으며 금, 은을 곳간에 저축하였으며 네 큰 지혜와 장사함으로 재물을 더하고 그 재물로 인하여 네 마음이 교만 하였도다 그러므로 나 주 여호와가 말하노라 네 마음이 하나님의 마음 같은체 하였으니 그런즉 내가 외인 곧 열국의 강포한 자를 거느리고 와서 너를 치리니 그들이 칼을 빼어 네 지혜의 아름다운 것을 치며 네 영화를 더럽히며 또 너를 구덩이에 빠뜨려서 너로 바다 가운데서 살륙을 당한 자의 죽음 같이 바다 중심에서 죽게 할찌라 너를 살육하는 자 앞에서 네가 그래도 말하기를 내가 하나님이라 하겠느냐 너를 치는 자의 수중에서 사람 뿐이요 신이 아니라 네가 외인의 손에서 죽기를 할례 받지 않은 자의 죽음같이 하리니 내가 말하였음이니라 나 주 여호와의 말이니라 하셨다 하라 여호와의 말씀이 또 내게 임하여 가라사대 인자야 두로 왕을 위하여 애가를 지어 그에게 이르기를 주 여호와의 말씀에 너는 완전한 인이었고 지혜가 충족하며 온전히 아름다웠도다 네가 옛적에 하나님의 동산 에덴에 있어서 각종 보석 곧 홍보석과 황보석과 금강석과 황옥과 홍마노와 창옥과 청보석과 남보석과 홍옥과 황금으로 단장하였음이여 네가 지음을 받던 날에 너를 위하여 소고와 비파가 예비되었었도다 너는 기름 부음을 받은 덮는 그룹임이여 내가 너를 세우매 네가 하나님의 성산에 있어서 화광석 사이에 왕래하였었도다 네가 지음을 받던 날로부터 네 모든 길에 완전하더니 마침내 불의가 드러났도다 네 무역이 풍성하므로 네 가운데 강포가 가득하여 네가 범죄하였도다 너 덮는 그룹아 그러므로 내가 너를 더럽게 여겨 하나님의 산에서 쫓아 내었고 화광석 사이에서 멸하였도다 네가 아름다우므로 마음이 교만하였으며 네가 영화로우므로 네 지혜를 더럽혔음이여 내가 너를 땅에 던져 열 왕 앞에 두어 그들의 구경거리가 되게 하였도다 네가 죄악이 많고 무역이 불의하므로 네 모든 성소를 더럽혔음이여 내가 네 가운데서 불을 내어 너를 사르게 하고 너를 목도하는 모든 자 앞에서 너로 땅 위에 재가 되게 하였도다 만민 중에 너를 아는 자가 너로 인하여 다 놀랄 것임이여 네가 경계거리가 되고 네가 영원히 다시 있지 못하리로다 하셨다 하라(겔 28장1~19)

위 말씀은 거듭 태어난 두로 왕에게 주께서 이르시길, 과거를 생각나게 하는 찬미를 부르라 말씀하신 내용이다 다시 말해서 과거를 생각나게 한다는 말씀 자체가 두로 왕이 거듭 태어났다는 것을 의미하고 있는 것이다 또한 아래의 내용은 두로 왕이 과거에는 신처럼 완전한 자였고 에덴동산에서 10가지의 보석으로 단장한 소고와 비파를 가지고 노래하는, 기름부음을 받아 덮는 그룹이었으며 하나님의 성산과 열국 사이를 왕래한 자였으나 죄를 범하여 에덴동산과 하나님의 성산에서 쫓겨나 모든 사람들의 경계거리와 놀람거리인 사단이 되었고 이에 영원히 사는 신의 몸체가 아닌 죽을 수밖에 없는 육체를 지닌, 육체의 신이 되었다는 내용이다 이 두로 왕과 같이 육체를 지닌 신을 사단이라고 하는 것이다.

예수께서 저희에게 이르시되 내가 진실로 너희에게 이르노니 세리들과 창기들이 너희보다 먼저 하나님의 나라에 들어가리라(마 21장31)

이 말씀에 대해 가르치는 목사는 이 지구상에 단 한 명도 없다 이 말씀은 영원한 천국과 영원한 지옥이라고 가르치는 기독교의 교리와는 완전히 상반되는 내용이기 때문이요 천국으로 인도한다고 하는 자들이 사실 하늘나라의 모든 이상과 천국과 지옥에 대한 기본적인 개념조차도 모르기 때문이다 다시 말하면 하늘로부터 하나님의 부르심을 입은, 하나님께서 보내신 하나님의 참된 목자가 아니기에 성경 말씀에도 없는 영원한 천국과 영원한 지옥을 거짓으로 지어내 가르치고 있는 것이다 기독교 목사들의 가르침처럼 영원히 지옥에 가는 것이라면 세리와 창기는 지옥불에 영원히 있어야 하며 이들보다 더 죄질이 나쁘고 악한, 당시 그리스도를 핍박하고 죽인 거짓된 목자들은 지옥에서 영원히 더 크고 무서운 벌을 받아야 하는 것이다 그런데 세리와 창기보다 더 악한 적그리스도인 거짓 목자들에게 그리스도께서는 세리들과 창기들이 너희보다 먼저 천국에 들어갈 것이라 말씀하셨다 이는 거짓 목자들도 세리와 창기보다는 늦겠으나 하나님 나라 즉 천국에 들어갈 수 있다고 말씀하고 계신 것이다 영원한 지옥을 배운 성도들로서는 절대로 이해할 수 없는 내용이다 그러나 생각해보라! 인간이 백 년 남짓한 한 번의 삶에서 지은 죄만으로 지옥에서 영원히 벌을 받게 된다면 이러한 하나님을 진정 사랑과 긍휼의 하나님이라고 할 수 있겠는가? 영원한 천국과 영원한 지옥을 가르치는 기독교의 교리대로 한다면, 태어날 때부터 보고 들을 수 있는 눈과 귀가 없이 태어나 하나님을 알기엔 남들보다 너무나 열악한 조건을 가진 장애인들에게는 공평의 하나님이 아니질 않은가! 누구는 장애인으로 태어나 몸의 장애로 인하여 하나님을 믿지 못한 연고로 지옥불에 영원히 던져지고, 누구는 건강한 자녀로 태어나 하나님을 믿은 연고로 천국에 영원히 이른다면 지옥불에 던져질 모든 장애인들에게 이 같은 억울함이 어디에 있겠는가! 실로 억울한 일이 아닌가! 이는 공의와 정의와 신의와 의의의 공법의 하나님을 완전히 모독하고 욕보이는 기독교의 영원한 지옥과 영원한 천국이다.

이에 그 거지가 죽어 천사들에게 받들려 아브라함의 품에 들어가고 부자도 죽어 장사되매 저가 음부에서 고통 중에 눈을 들어 멀리 아브라함과 그의 품에 있는 나사로를 보고 불러 가로되 아버지 아브라함이여 나를 긍휼히 여기사 나사로를 보내어 그 손가락 끝에 물을 찍어 내 혀를 서늘하게 하소서 내가 이 불꽃 가운데서 고민하나이다 아브라함이 가로되 얘 너는 살았을 때에 네 좋은 것을 받았고 나사로는 고난을 받았으니 이것을 기억하라 이제 저는 여기서 위로를 받고 너는 고민을 받느니라 이뿐 아니라 너희와 우리 사이에 큰 구렁이 끼어 있어 여기서 너희에게 건너가고자 하되 할 수 없고 거기서 우리에게 건너올 수도 없게 하였느니라 (눅 16장22~26)

위 말씀과 같이 천국과 지옥 사이에는 큰 구렁이 있어서 그 누구도, 하물며 보좌라 할지라도 천국과 지옥을 왕래할 수 없다 그런데 자기 마음대로 천국과 지옥 사이를 왕래했다고 하는 기독교의 황당한 거짓 간증들은 말씀에서 그 예를 찾아 볼 수 없을 뿐만 아니라, 오히려 말씀과 대적이 되는 내용이 아닌가! 말씀에도 없는 내용들을 믿는 너희에게 성경 말씀이 무슨 필요가 있겠는가! 너희의 입맛대로 믿고 있으면서 하나님 중심, 말씀 중심이라고 하며 하나님과 말씀을 도리어 욕보이는가!

저가 또한 영으로 옥(육)에 있는 영들에게 전파하시니라 그들은 전에 노아의 날 방주 예비할 동안 하나님이 오래 참고 기다리실 때에 순종치 아니하던 자들이라 방주에서 물로 말미암아 구원을 얻은 자가 몇명 뿐이니 겨우 여덟 명이라(벧전 3장19~20)

이는 가만히 들어온 사람 몇이 있음이라 그들은 옛적부터 이 판결을 받기로 미리 기록된 자니 경건 하지 아니하여 우리 하나님의 은혜를 도리어 방탕한 것으로 바꾸고 홀로 하나이신 주재 곧 우리 주 예수 그리스도를 부인하는 자니라(유 1장4)

그리스도의 제자들을 핍박한 자들이 사실은 과거 노아의 시대 때에 순종치 아니함으로 물로써 심판을 받았던 자들이라고 말씀하신 내용이다 이는 다시 말해서 악한 자들은 지옥에서 영원히 심판받는다고 가르치는 기독교의 교리와 목사들의 가르침이 100% 거짓이라는 증거다 이처럼 무섭고 두려운 심판의 날에 이르기까지 여러 번에 걸쳐 거듭 태어나게 하시어 기회를 주시고 연단하심이니, 이에 심판의 날의 구원자들을 가리켜 창세에서부터 심판의 날에 이르기까지의 첫 열매라(계 14장4) 하심이라.

누가 묻기를 죽은 자들이 어떻게 다시 살며 어떠한 몸으로 오느냐 하리니 어리석은 자여 너의 뿌리는 씨가 죽지 않으면 살아나지 못하겠고 또 너의 뿌리는 것은 장래 형체를 뿌리는 것이 아니요 다만 밀이나 다른 것의 알갱이 뿐이로되 하나님이 그 뜻대로 저에게 형체를 주시되 각 종자에게 그 형체를 주시느니라 육체는 다 같은 육체가 아니니 하나는 사람의 육체요 하나는 짐승의 육체요 하나는 새의 육체요 하나는 물고기의 육체라(고전 15장35~39)

위 말씀을 쉽게 설명하자면 죽은 사람들이 다시 거듭 태어날 때에 다 같은 육체로 태어나는 것이 아니요 제각기 죗값에 따라 다름이니, 어떤 이는 사람의 육체로 또 어떤 이는 짐승의 육체로 또 어떤 이는 새의 육체로 또 어떤 이는 물고기의 육체로 태어남이라 그러나 죗값이 큰 자들은 절대로 사람의 육체로 태어날 수 없음이니, 다시 말해 모든 인간은 다 거듭 태어나지만 여러 번 지옥을 왕복하다 보면 나중에는 영이 소멸되어 다시는 인간으로 태어날 수 없게 된다 영이 있어야만 인간으로 태어날 수 있기 때문이다 이처럼 인간으로 다시 태어날 수 있는 영이 소멸되었으므로, 영원히 짐승으로 태어날 수밖에 없는 것을 영벌이라고 하는 것이다 그래서 창세에서부터 가증한 동물과 정한 동물을 분별하여 가증한 동물은 만지지도 먹지도 말라고 하신 것이니, 영이 소멸되어 다시는 인간으로 태어날 수 없는 이들이 이러한 가증한 동물들로 태어나기 때문이라 인간에게는 마음(혼)과 더불어 양심 즉 신의 성품을 지닌 영이 존재하나, 짐승에게는 그저 마음(혼)밖에 없다 이것이 바로 인간과 짐승의 차이요 짐승은 신의 성품인 영을 가지고 있지 않기에 절대로 하나님의 자녀가 될 수 없는 것이다 지옥에서 영원히 벌을 받는 것을 영벌이라고 가르치며 말씀에도 없는 황당한 거짓을 가르치는 너희여! 많은 사람들에게 영원하신 하나님의 사랑과 긍휼을 욕보이는 너희는 도대체 누구냐! 또한 너희가 말하는 영원한 천국이 성경 어디에 있는가! 하나님의 말씀을 도둑질하여 가르치는 자들아! 정녕 너희의 말대로 영원한 천국이라면, 어떻게 천국에서 전쟁이 일어난단 말인가!

하늘에 전쟁이 있으니 미가엘과 그의 사자들이 용으로 더불어 싸울째 용과 그의 사자들도 싸우나 이기지 못하여 다시 하늘에서 저희의 있을 곳을 얻지 못한지라 큰 용이 내어 쫓기니 옛 뱀 곧 마귀라고도 하고 사단이라고도 하는 온 천하를 꾀는 자라 땅으로 내어 쫓기니 그의 사자들도 저와 함께 내어 쫓기니라..(계 12장7~12)

..다만 짐승으로 더불어 임금처럼 권세를 일시 동안 받으리라 저희가 한 뜻을 가지고 자기의 능력과 권세를 짐승에게 주더라 저희가 어린 양으로 더불어 싸우려니와 어린양은 만주의 주시오 만왕의 왕이시므로 저희를 이기실터이요..(계 17장8~14)

꿈과 환상

Ⅰ. 고난의 피의 잔

철야 기도를 하던 어느 날 꿈에, 하얀 옷을 입은 두 사람이 내게 말하기를 "높으신 분이 뵙자고 하니 우리를 따르라" 하기에 그들을 따라 계단을 오르는데 계단 옆으로 구름인지 안개인지 모를 뿌연 구름이 가득 끼어 있어 구름밖에 보이지 않았다 구름들 사이에 보이는 것은 오직 끝없이 하늘을 향하여 놓여 있는 계단뿐이었다 한참을 올라가다 보니 작은 암자 같은 팔각정이 보이고 많은 사람들이 앉아 있었는데 마치 잔치가 벌어진 것 같더라 그중에 가장 높으신 듯한 분이 가운데 앉아 나를 바라보시더니 "자네 내가 누군지 알아보겠는가?" 하시기에 나는 나도 모르게 그 분께 다짜고짜 절을 하였다 그리고 고개를 들어 보니 잔칫상이라기에는 너무나 초라한 상이었는데, 그 상 위에는 그저 그 분과 그분 옆에 둘러앉아 있는 모든 자들 앞에 놓인, 매우 오래되어 색이 바랜 듯한 청자 같은 하얀색의 잔과 주전자만 놓여 있을 뿐 음식이라고는 아무것도 없었다 그때 그분이 청자 같은 주전자를 들고 내게 말씀하시길 "네 잔을 받아 마시라" 하시기로 내 잔을 받아 보니 따라진 것은 술이 아닌 피였다 그 잔을 받아 마신 뒤, 그분이 그 팔각정 난간 끝에 서서 내게 "오라" 하시기에 가까이 가 난간 밑을 내려다보니, 그곳의 높이가 얼마나 높은지 콩알만 해 보이는 사람들이 밭을 일구고 있는 모습을 보고 그제서야 비로소 내가 서 있는 곳이 하늘임을 알 수 있었다 그때 그분께서 내게 물으시기를 "너는 도대체 무얼 하고 있느냐!" 하시기로 내가 대답하기를 "제게 학벌이 있습니까? 재산이 있습니까? 아니면 사람이 있습니까? 무엇으로 어떻게 하라는 것입니까?" 라고 답하자 그분이 가까이 오셔서 나를 안으시며 말씀하시길 "네게는 내가 있지 않느냐" 라는 말씀과 더불어 나는 꿈에서 깨어났다 깨어난 후 정말로 신기했던 것은 일반적인 사람의 꿈은 자신이 원하는 대로 움직이거나 행동하거나 말하지 못하지만, 나는 그 꿈속에서 내 생각과 의지대로 말하고 대화할 수가 있었다 이런 꿈은 태어나서 처음이었다.

II. 모세의 지팡이를 받는 꿈

몇 해가 지난 어느 날, 나는 너무나 힘들고 고통스러운 나머지 "주여 저는 저기 기어가는 벌레와 같이 살았나이다 벌레보다 못한 인생이오니 차라리 죽여주옵소서" 라고 절규하며 땅에 엎드려 벌레처럼 땅을 기었다 사람이 다니는 길바닥에 엎드려 기어갔으나, 스스로도 내가 한 마리의 벌레처럼 여겨질 만큼 고통스러웠기에 한치의 부끄러움도 수치도 없었다 내게는 하늘이 무너지는 것 같은 고통이었기에 아무것도 보이지 않았고 그저 "주여 이 고통을 없애 주시던가 아니면 차라리 저를 죽여주옵소서" 라는 통곡과 간절한 오열의 기도뿐이었다 그렇게 슬픔과 고통 속에서 통곡하며 온몸이 흙에 범벅이 된 채 땅을 기며 집까지 갔고 밤새도록 울며 기도하다 잠이 들었다 나 또한 과거에는 가정의 행복을 위해 하나님을 믿었었기에 가정이 깨지는 고통은 그야말로 하늘이 무너지는 것과 같았다 이에 밤새 절규하고 통곡하며 기도하다 나도 모르게 잠이 들었는데 그때 꾸게 된 꿈이다.

꿈속에 내가 보니 좌우로 모래사장이 있고 그 가운데로 다리 정강이 정도 깊이의 시냇물 같은 물줄기가 흐르는데 그 강줄기는 점점 폭이 넓어져 바다로 향하더라 그 물줄기 곁에는 가지가 땅에 닿을 듯 말 듯 늘어진 버드나무가 군데군데 서 있는, 너무나 평온한 풍경이었다 그 중에 한 버드나무 옆에 사람이 앉을 만한 작은 바위가 있었는데 그 바위 위에 모세가 앉아 있기로 내가 모세에게 다가가니 모세가 자신이 가지고 있던 지팡이를 말없이 내게 건네주더라 그런데 내가 내 지팡이인 양 너무나 당연하다는 듯이 건네받는 것이 아닌가! 건네받은 동시에 모세의 모습은 온데간데없이 사라졌고 모세가 앉아 있던 바위 위에 모세가 입었던 옷만 곱게 개어져 있더라 내가 가장 존경하던 분 중 한 분인지라 평소 같았으면 그 앞에 달려가 절부터 했을 터인데 절을 하기는커녕 모세에게 내 것인 양 매우 당당하게 건네받은 지팡이를 들고 그 물길을 따라서 바다로 향하여 나아가니 큰 배들이 보이기 시작했다 프랑스 배, 미국 배, 중국 배, 일본 배, 한국 배가 있었고 배들마다 각 나라의 상징을 나타내는 듯한 표시들이 보였다 이에 가장 먼저 중국 배에 올라타니 중국 전통 옷을 입은 부부와 어린아이가 있었는데 그 아이가 내게 작은 돌을 던진 후, 자기 아버지의 등 뒤로 숨더라 이에 내가 하늘을 향하여 지팡이를 들자 회오리바람이 그 아이를 들어 물속에 처박아 버리매 아이가 물 위로 떠오르지 않자, 아이의 부모가 겁을 먹으며 무릎을 꿇고 통곡하기를 당신이 믿는 하나님을 믿겠으니 아이만은 살려 달라고 애원하더라 이에 물가로 내려가 물 위에 안수를 하며 "아이야 떠오르라" 하니 가라앉았던 아이가 물 위에 떠올랐고 내가 아이를 품에 안고 명하여 "아이야 눈을 뜨라" 하니 아이에게 영이 임하여 다시 살아난지라 그 부모에게 아이를 건네주며 "하나님을 믿으라" 하고 다시 바다로 향하는 꿈을 꾸었다 새벽녘 이 꿈을 꾸고 깨어난 나는, 그 부인과 13년이란 세월 동안 살았던 기억들은 물론 그 부인의 모습조차도 거짓말처럼 사라져 전혀 기억나지 않는 것이었다 마치 컴퓨터 하드를 포맷하듯, 정말 거짓말처럼 기억에서 사라져 버렸다 그 덕에 죽을 만큼 힘들었던 고통과 상처 속에서 벗어나 너무 기쁜 나머지 새벽녘에 춤을 추며 결혼반지를 교회 헌금함에 넣어 버렸고, 감사가 넘치고 은혜가 충만한 나날을 보냈다 아무리 생각해도 인간의 상식으로는 절대로 납득이 될 수 없는 경험을 한 나에게는 세상에서 단 한 번도 느낄 수 없었던 큰 기쁨과 넘치는 감사였다.

III. 구원의 배

어느 날 기도하다 잠이 들어 꿈을 꾸게 되었는데 꿈에 정말 동화책이나 만화에서나 나올 법한 수채화 같은 아름다운 풍경의 바다와 그 양 옆으로 섬들이 있는데 그 섬에 있는 높은 언덕 위로 아름다운 태양이 떠오르고 있었고 좌우 섬과 섬 사이로 마치 동화책에서나 볼 수 있는 나무로 만든 넓직한 통통배에 여러 아이들을 태우고 내가 선장이 되어 아름다운 하나님의 나라로 가는 꿈이었다 이 아이들은 만화책에서 나올 법한 크고 동그란 눈에 노란색 옷, 노란색 모자, 노란색 신발, 노란색 작은 가방을 메고 있었는데 남자아이나 여자아이나 얼굴이며 키며 쌍둥이들처럼 똑같이 생긴 아이들이었다 단지 남자아이들은 하얀 스타킹에 노란색 반바지를, 여자 아이들은 양 갈래로 땋은 머리에 하얀 스타킹과 노란색 치마를 입고 있었다 이 아이들이 손에 손을 잡고 조타실에 있는 나를 겹겹이 감싸고 나를 바라보며 노래하기를 "레셋서 난마 리가로홈마, 유후밉 리히마 리가낫싼라마 리후미" 하고 부르니 이 노랫말의 뜻은 아름다운 형제들아, 자매들아 손에 손을 잡고 그리스도의 아름다운 소망을 품고 하나님의 사랑을 좇아 아름다운 하나님의 영원한 나라로 함께 나아가자는 뜻이라 이 아이들이 서로 손을 잡고 이 노래를 부르는데 노래의 박자에 맞춰 바닷물이 춤을 추듯 울렁거렸고 그 모습이 마치 아이들과 바다 물결이 함께 노는 듯 했다 내 뒤로 또 다른 배 한 대가 나를 따라오는데 이는 야곱이자 다윗인 아론의 배였다 아이들이 노란색 옷을 입고 있다는 것은 그리스도의 소망을 뜻하며 아이들이 똑같이 생긴 이유는 그리스도의 사랑 안에서 하나가 되었다는 의미다 또한 이 아이들은 구원의 배를 타고 하나님의 나라로 향하는, 어린아이와 같은 하나님의 백성을 뜻하는 꿈이었다.

Ⅳ. 하나님 권능의 말씀의 검

수십 일 동안 금식을 하던 어느 날 꿈에, 내가 한 어여쁜 여자아이의 손을 잡고 있었는데 흰색 옷을 입은 하얀 백발의 노인이 내게 말하기를 "너는 이 산 정상쯤에 오르면 나와 똑같은 노인이 네게 무슨 말을 하든 너는 그분이 명하는 대로 그대로 행하라" 하시기에 내가 그 아이와 함께 산 정상에 오르니, 정말 신기하다 할 정도로 밑에서 본 노인과 똑같은 모습의 한 노인이 있더라 그분이 내게 성경책을 주며 말하기를 "너는 이 성경책을 가지고 내려가서 집들이 보이거든 이 성경책을 하늘을 향해 던지라 그리고 네가 구할 바를 무엇이든지 구하라 그리하면 구하는 모든 것을 이루어 주리라" 는 말씀을 듣고 성경책을 받아서 내려오다 보니 사람이 사는 아파트가 조금씩 보이기 시작하더라 이에 그가 내게 이르신 대로 하늘을 향해 성경책을 던지매 성경책이 펼쳐지더니 한 장 한 장 찢어져 불타는 검이 되어, 온 하늘을 덮고 날아다니는 것이었다 창세기 1장부터 시작하여 요한계시록까지의 모든 말씀이 한 장 한 장 찢어져 새빨간 불의 검이 되어 온 하늘을 날아다니는 것을 보고 너무나 신기했다 이 꿈은, 말씀의 검이 이 땅에 임한다는 것을 암시하는 꿈이었다.

꿈과 현실

Ⅰ. 말씀의 권세를 땅에 펼치시는 하나님

주께서 말씀하시길 "너는 나를 위하여 목포에서 서울까지 걸으라" 하시기로 "주여 제가 주 앞에 도대체 무엇이관대 이 먼 거리를 기도하며 걸으라 하시나이까? 제 힘으로는 절대로 걸을 수 없나이다" 하니 "내가 너와 함께 하리니 걸으라!" 하시더라 이에 내가 14일 동안 주야로 걸으며 방언으로 기도하니, 그 뜻이 이러함이라 "주의 거룩하신 말씀의 권능이 온 땅에 비추나니 어둠 속에 숨겨진 모든 죄가 드러남이라 이는 어둠에 있는 자들을 돌이켜 회개에 합당한 기회를 주시고자 하심이니 말씀의 권능은 온전한 열매를 맺기 위한 생명의 빛이니라 어둠 속에 있는 자들아 깨어나라! 죄 가운데 빠진 자들아! 회개하라! 말씀은 생명으로 인도하는 빛이요 구원으로 인도하는 능력이니라" 하며 피고름이 양말에 엉겨붙어 양말이 발에서 떼어지지 않을 정도의 심한 고통 속에 기도로 성품을 다하고 목숨을 다하였나니, 이에 기도가 전력을 다하여 하나님께 향하였더라 밤이면 밤마다 발바닥의 뼈가 쑤시고 뜨거운 불에 달구는 듯한 통증과 뼈의 상함으로 인한 고통 속에서도 쏟아지는 기도와 눈물 속에 감사함이 넘쳤나니, 이는 많은 세월 동안 말씀의 비밀을 내게 보이시고 깨닫게 하신 하나님의 아름다운 사랑으로 연단된 인내와 절제의 선물이라.

어느 날 내가 주께 묻기를 "주여 제가 세상에 나아가면 무엇이라 하오리까?" 하니 주께서 내게 말씀하시기를 "너는 알곡과 가라지를 가르러 온 마지막 선지자라 하라" 하시기에 내가 주께 다시 묻기를 "주여 누가 이 말을 믿겠나이까 저를 미쳤다고 하지 않겠나이까?" 하니 주께서 다시 말씀하시길 "그들이 미쳤다고 하든지 말든지 너는 그리 전하라!" 하시더라 그러던 어느 날, 어느 목사에게 "나는 알곡과 가라지를 가르러 온 마지막 선지자라" 하니 그 목사가 역시나 내 멱살을 잡고 말하기를 "네가 마지막 선지자라면 나는 너를 보낸 하나님이다 이놈아!" 함이라 내가 너희에게는 미천하고 보잘 것 없이 보일지 모르나 나는 내 주 앞에서는 어느 누구보다 존귀한 자라 하늘에서 그 누구도 내 앞에 감히 그 입을 열어 말하지 못하며 그 고개를 들어 바라보지 못하나니 모든 열 왕과 모든 방백과 모든 장로들이 감히 서서 말하기도 두렵고 어려운 큰 자라 창세에서부터 오늘에 이르기까지 수많은 하나님의 목자와 그리스도의 사도들을 핍박하고 죽인 너희여! 하나님을 믿는다고 하는 너희가 하나님의 목자를 죽인 자들이요, 그리스도를 가르친다고 하는 너희가 그리스도와 그의 사도들을 핍박하고 죽인 자들이라 이에 그리스도와 요한이 말하기를 "이 독사의 자식들아!" 함은 여러 번에 걸쳐 거듭 태어나게 하시어 너희에게 많은 은혜와 기회를 주셨으나 끝까지 하나님의 참 목자인 양 가장하여 수많은 성도들을 속이며 멸망으로 인도하고, 끊임없이 하나님의 참된 목자를 핍박하고 죽이며 하나님의 일을 훼방하는 너희를 가리켜 독사의 자식이라고 하신 것이라! 심판의 날에 이르러 하늘에서 말하기를 선의 열매는 풍성함으로 온전하나 악의 열매는 독성으로 튼실함이니, 이에 아름다운 사랑의 열매는 아름다운 그릇에 넣어 천국의 곳간에 가득 채우고 독성이 강한 악의 열매는 보지도 만지지도 말고 지옥불에 던져 모조리 태우라 하심이라 너희의 죗값은 창세에서부터 심판의 날에 이르기까지니 너희가 너희를 향한 하나님의 많은 인내하심의 풍성하신 긍휼을 욕보임이라 이에 너희는 무섭고 두려운 심판의 날에 태워 없어질 가라지요 지옥불에 던져져 천년 동안 고통의 울부짖음에 들어갈 자들이라.

산속을 기도하며 걷던 어느 날 하나님께서 말씀하시길 "모세야! 모세야! 모세야!" 라고 부르신지라 세 번째 부르실 때에 뒤늦게 깨달은 내가 말하기를 "주여 어찌하여 저를 모세라 하시나이까? 제가 모세라면 이 땅에 모든 남자들이 다 모세나이다 제 죄가 하늘에 떠 있는 별보다 많을진대 어찌 저를 모세라고 하시나이까? 입을 열고 말하기도 부끄러운 죄가 하늘보다 크나이다 이런 제가 어찌 모세나이까? 저를 모세라 함은 모세를 욕보이는 것입니다" 라고 말씀드리자 주께서는 삼일 밤을 똑같은 꿈을 내게 보이시고 밤낮을 가리지 않고 내게 괴로울 정도로 똑같은 환상을 보이셨으니 이는 바다를 갈라 이스라엘 백성을 인도하는 히브리인의 형상이라 내가 그 백성의 인도자, 즉 그 히브리인이 되어 바다를 갈랐나니, 다시 말해 내가 바로 모세였음을 주께서 꿈과 환상으로 증거하여 보이심이라.

II. 예루살렘과 스랍

그동안 내가 묻고자 하는 모든 내용들과 네 보좌에 관한 하나님의 모든 비밀을 알려 주시고 응답해 주신 분은 그리스도셨으나, 이날은 내가 처음으로 하나님의 목소리를 직접 들은 날이다 그날은 10월 말 금요일이었는데 먹구름이 칠흑같이 잔뜩 끼어 별도 달도 보이지 않던 날이었다 당시 서울의 북한산 자락 삼각산에는 금요일이면 밤 12시 기도를 위해, 수많은 차들과 수많은 교인들이 산 정상에 앉을 자리가 없을 만큼 매우 많이 몰려들었고 당시 차에서 기거하던 나는 금요일 저녁이면, 귀신과 마귀가 역사하는 징그러운 주술을 하나님의 방언이라고 행하는 사람들을 피해 산기도를 하지 않고 대부분 차 안에서만 기도하곤 하였다 그날도 귀신 방언들을 피해 홀로 기도하고 있었는데 하나님께서 내게 직접 말씀하시길 "릭크리마 락드리막" 하시니, 이는 전능한 자의 권능이 네게 임하였도다 라는 뜻이라 하나님의 목소리를 직접 들은 것은 이날이 처음이었다 이 말씀이 들리니 마치 거대한 바위에 깔린 듯이 내 몸과 마음이 움직이지 못하였으나 따뜻한 기운이 나를 누르고 평안과 풍성함이 나를 덮는 듯했다 참으로 놀랍고 너무나 신기했다 이에 감사함에 기도하다 나도 모르게 잠이 들어 꿈을 꾸게 되었는데, 꿈에 하늘에서 내게 말하기를 "네 앞에 있는 구름 위에 앉으라" 하시기로 내 앞에 놓인 황금빛을 두른 구름 위에 내가 앉았더니 그 황금빛의 구름이 나를 태우고 하늘로 오르니 하늘 아래의 세상과 바다와 산과 들판이 보이더라 그리곤 그보다 더 높은 곳을 향하여 날아가니, 내게 보이던 하늘 위에 또 다른 하늘이 보이고 그 아래 또 다른 산과 들과 바다가 있고, 그보다 더 높이 날으니 그 위에 또 다른 하늘이 있더라 이를 보이신 후, 갑자기 누군가 내 두 다리를 잡고 힘껏 잡아당기듯 나를 꿈에서 깨우매 깜짝 놀라 나도 모르게 벌떡 일어나 앉아 시간을 보니 새벽 2시였더라 목도 마르고 기도도 할 겸 산에 있는 약수터에 가서 물을 마시고 고갯길을 내려오는데 "모세야! 모세야! 모세야! 하늘을 보라" 하는 소리에 내가 고개를 들어 하늘을 보는 순간, 깜짝 놀라지 않을 수가 없었다 거대한 타원형 모양의 달빛과 같은 노란빛을 지닌 광채가 떠 있는 것이었다 그 광채를 보자마자 나는 나도 모르게 땅바닥에 엎드려져 온몸의 지축이 흔들리듯 하며 온몸이 울고 마음이 따로 울며 말하기를 "주여 이 죄인에게 이 거룩하심을 보이심이 합당치 아니하오니 주여 이 죄인의 눈에서 이 거룩하심을 거두어 주소서" 하니 하나님께서 말씀하시길 "모세야 내가 너를 이 땅에 보낸 자임을 증거하기 위함에 너에게 보이는 것이니 너는 고개를 들어 보라"

하시더라 이에 눈을 들어 본즉, 칠흑같은 먹구름이 끼어 별도 달도 보이지 않을 만큼 하늘이 어두웠는데도 빛이 날만큼 거대한 영광의 광채더라 이 거대한 노란빛의 영광 안에서 곧이어 보다 작은 타원형 모양의 하얀빛과 같은 광채 두 대가 나왔으니 하나는 그리스도께서 주관하시는 스랍이요, 또 다른 하나는 엘리야가 주관하는 스랍이더라 첫 번째 스랍이 나올 때에 그리스도께서 내게 말씀하시길 "형제여" 하시니 그리스도의 겸손함 앞에 몸둘 바를 모르고 나도 모르게 또다시 엎드려 온몸이 울고 마음이 따로 울며 말하기를 "주여 제가 노아요 아브라함이요 모세라 할지라도 주는 나의 영원한 주시오니 저를 형제라 부르지 마옵시고 죄인이라 불러주소서" 하니(그때는 내가 하늘의 보좌의 비밀을 다 알게된 후라, 내 자신이 노아요 아브라함이요 모세임을 이미 알고 있을 때라) 주께서 다시 말씀하시길 "형제여! 우리가 하늘에서 너와 함께하나니 너는 담대히 행하라" 하심이라 이 말을 마치신 후에 스랍이 하늘을 날아다니는데 하늘의 끝과 끝을 날아다니는 스랍의 속도가 얼마나 빠르던지 시간이 걸리기는커녕 내 고개와 눈으로도 좇을 수 없을 만큼 빠르더라 이를 보이시고 주께서 말씀하시기를 "후일 내가 너를 부르리라" 하시더라.

그런데 정말 이상했던 것은, 내가 그 광채를 본 장소는 금요일 새벽 1시 반에서 2시가 넘어갈 시간쯤이면 항상 기도를 끝내고 내려오는 차와 많은 사람들로 북적거리는 곳이다 또한 그 옆에는 북악터널이 바로 밑에 있어 늦은 밤에는 차가 한 대만 지나가도 차 소리가 울리어 적막할 수가 없는 곳인데, 내가 거대한 예루살렘과 스랍을 보고 있는 동안 그 어느 누구도 움직이거나 그 어떤 소리조차 들리지 않는 적막이 흘렀다 다시 말해 시간이 멈추어 있었다는 얘기다 하도 시끄러워 그곳 주민들의 신고가 쉬지 않던 사람들의 사단 방언 소리도 들리지 않았고 하물며 사람들의 인기척이나 벌레 우는 소리마저 없는, 그야말로 적막 그 자체였다.

먹구름이 칠흑과 같이 잔뜩 끼어 달빛과 같은 노란빛의 거대한 광채(예루살렘)가 얼마나 높이 떠 있던 것인지에 대해서는 명확하게 알 수 없었으나 그 크기가 대강 하늘을 나는 국제선 비행기에 비교했을 때 약 50배 정도 되어 보였고, 짐작건대 그 크기가 아마도 서울시 정도로 거대한 크기가 아니었나 싶다 나는 그동안 성경 말씀에 나오는 구름기둥과 불기둥과 네 생물과 스랍이 가장 궁금했기에 특별히 그 비밀이 가장 알고 싶었다 이에 주께서는 내가 알고자 하는 이 비밀을 내게 직접 보이심으로 응답하신 것이다 그 예루살렘과 스랍을 보고 난 후, 나는 그곳을 떠나지 못하고 그 자리에서 6개월 동안을 밤마다 그 하늘을 쳐다보았다.

아브라함의 보좌
(하나님의 좌편에 앉은 보좌)

아브라함의 보좌 (하나님의 좌편에 앉은 보좌)

노 아 → 아브라함 → 모 세 → 이사야 → 요 한 → 언약의 사자
　　　　　　　　　　　　　　　　　　 (요한계시록)　　(두 증인)

아브라함인 모세

모세라고 부르시고 며칠이 지나던 어느 날, 하나님께서 나를 부르시기를 "아브라함아! 아브라함아!" 하시더라 이에 "주여! 제가 정말 미쳤나이까? 제가 미치지 않고서야 며칠 전에는 모세라고 하시더니 오늘은 또 아브라함이나이까? 저와 대화하시는 하나님은 진정 참이심을 아오나 제가 모세라는 것도 아직 믿기지 않고 감당이 안 되는데 이제는 아브라함이라니요!" 라며 답변하자 하나님께서 내게 호통치시기를 "이 망령된 놈아! 너는 어찌하여 내 말을 믿지 아니하느냐!" 하시기에 '아니 그렇다면 말씀에 나와 있단 말인가?' 싶은 생각에 바로 말씀을 찾기 시작한 나는 자동으로 말씀이 펼쳐지는 것처럼 구절구절들을 찾아가기 시작했고, 이에 첫 번째로 찾아진 말씀이 신명기 34장10절의 말씀이었다.

그 후에는 이스라엘에 모세와 같은 선지자가 일어나지 못하였나니 모세는 여호와께서 대면하여 아시던 자요 (신 34장10)

모세는 하나님과 대면하여 알던 자라는 이 말씀의 내용이 펼쳐지자 모세가 과거에 하나님과 동행했던 아브라함과 동일 인물일 수도 있겠다는 생각이 들었고, 그 다음으로 아래의 말씀이 펼쳐졌는데 이 말씀의 내용을 보는 순간 모세가 진정 아브라함이었다는 확신이 더욱 강하게 들었다.

이는 그 거룩한 말씀과 그 종 아브라함을 기억하셨음이로다 (시 105장42)

이 말씀은 시편의 글 중에서 유일하게 모세가 쓴 글이다 그러나 해석하는 자들도 이 뜻이 정확히 무슨 뜻인지를 알지 못하고 임의로 해석해 놓은 것이다 하나님의 비밀을 받아서 이 땅에 내려온, 성령을 받은 자만이 알 수 있는 내용이다 이 말씀의 뜻은 모세가 진리의 영 즉 성령을 받아 자신이 과거에 아브라함이었음을 기억하였다는 뜻이다.

여호와께서 아브람에게 이르시되 너는 정녕히 알라 네 자손이 이방에서 객이 되어 그들을 섬기겠고 그들은 사백년 동안 네 자손을 괴롭게 하리니 그 섬기는 나라를 내가 징치할 찌며 그 후에 네 자손이 큰 재물을 이끌고 나오리라 너는 장수하다가 평안히 조상에게로 돌아가 장사될 것이요(창 15장13~15)

그리고 뒤이어 위의 말씀 구절이 펼쳐지는 순간 나는 온몸에 전율이 느껴질 만큼 놀라움과 충격 그 자체였다 이 내용은 하나님께서 아브라함에게 이르시기를 너의 백성들이 400년 동안 이방에서 종살이할 것이며, 너는 후일 이 백성들을 이끌고 나올 것이라고 예언하신 말씀이다 다시 말해 아브라함이 훗날 모세로 다시 태어나 400년 동안 종살이해 온 이스라엘 백성들을 이끌고 나와 인도할 것이라고 예언하신 말씀이다 이 말씀의 내용을 보는 순간 온몸에 전율이 느껴질 만큼 너무나 놀랍고 충격적이었다 이는 모세가 아브라함임을 입증하는 내용이다.

이 모든 백성을 내가 잉태하였나이까 내가 어찌 그들을 생산하였기에 주께서 나더러 양육하는 아비가 젖 먹는 아이를 품듯 그들을 품에 품고 주께서 그들의 열조에게 맹세하신 땅으로 가라 하시나이까(민 11장12)

내가 너와 네 후손에게 너의 우거하는 이 땅 곧 가나안 일경으로 주어 영원한 기업이 되게 하고 나는 그들의 하나님이 되리라 하나님이 또 아브라함에게 이르시되 그런즉 너는 내 언약을 지키고 네 후손도 대대로 지키라(창 17장8~9)

그들이 이르되 여호와께서 모세와만 말씀하셨느냐 우리와도 말씀하지 아니하셨느냐 하매 여호와께서 이 말을 들으셨더라 이 사람 모세는 온유함이 지면의 모든 사람보다 승하더라 여호와께서 갑자기 모세와 아론과 미리암에게 이르시되 너희 삼인은 회막으로 나아오라 하시니 그 삼인이 나아가매 여호와께서 구름 기둥 가운데로서 강림하사 장막 문에 서시고 아론과 미리암을 부르시는지라 그 두 사람이 나아가매 이르시되 내 말을 들으라 너희 중에 선지자가 있으면 나 여호와가 이상으로 나를 그에게 알리기도 하고 꿈으로 그와 말하기도 하거니와 내 종 모세와는 그렇지 아니하니 그는 나의 온 집에 충성됨이라 그와는 내가 대면하여 명백히 말하고 은밀한 말로 아니하며 그는 또 여호와의 형상을 보겠거늘 너희가 어찌하여 내 종 모세 비방하기를 두려워 아니하느냐 여호와께서 그들을 향하여 진노하시고 떠나시매 (민 12장2~9)

만일 율법에 속한 자들이 후사이면 믿음은 헛것이 되고 약속은 폐하여졌느니라 율법은 진노를 이루게 하나니 율법이 없는 곳에는 범함도 없느니라 그러므로 후사가 되는 이것이 은혜에 속하기 위하여 믿음으로 되나니 이는 그 약속을 그 모든 후손에게 굳게 하려 하심이라 율법에 속한 자에게 뿐아니라 아브라함의 믿음에 속한 자에게도니 아브라함은 하나님 앞에서 우리 모든 사람의 조상이라 기록된바 내가 너를 많은 민족의 조상으로 세웠다 하심과 같으니 그의 믿은바 하나님은 죽은 자를 살리시며 없는 것을 있는 것 같이 부르시는 이시니라 (롬 4장14~17)

아브라함인 노아

그 뒤로 주께서는 또 내게 "노아야" 라고 부르셨고 나는 노아에 관한 내용들도 찾기 시작하였다 이에 대한 말씀 구절들을 찾아가는 것이 참으로 신기하고 오묘하고 경이로웠다.

이제 후로는 네 이름을 아브람이라 하지 아니하고 아브라함이라 하리니 이는 내가 너로 열국의 아비가 되게 함이니라 내가 너로 심히 번성케 하리니 나라들이 네게로 좇아 일어나며 열왕이 네게로 좇아 나리라(창 17장5~6)

이들은 노아 자손의 족속들이요 그 세계와 나라대로라 홍수 후에 이들에게서 땅의 열국 백성이 나뉘었더라(창 10장32)

이 말씀의 내용을 보는 순간 노아가 곧 아브라함임을 아무런 의심 없이 받아들이게 되었다 사실 모든 조상의 아버지는 아브라함이 아니라 노아가 되어야 한다 왜냐하면 모든 인간의 조상은 아브라함이 아닌 노아이기 때문이다 다시 말해 아브라함을 모든 열국의 아비라 칭하기에는, 아브라함의 시대 때에 이미 모든 나라와 모든 열 왕들이 노아로부터 태어나 있었기 때문이다 그런데 하나님께서는 노아가 아닌 아브라함에게 모든 조상의 아버지라 칭하셨다 아브라함이 노아가 아니라면 하나님께서는 거짓말을 하신 것이 되어 버린다 다음 장의 말씀 구절을 읽어보라! 모든 열국과 열 왕은 아브라함이 태어나기 전에 이미 다 태어나 존재하고 있었으므로 아브라함이 노아여야만, 아브라함이 모든 조상의 아비라는 것이 성립되는 것이다 성경 말씀에는 아브라함의 하나님, 아브라함의 천국이라는 내용은 있어도 노아의 하나님이라는 말은 어디에도 없다 이는 아브라함이 곧 노아이기 때문이요 마찬가지로 그리스도께서도 아담으로 오셨기에 성경에 아담의 하나님이라는 말도 없는 것이라 이에 대한 명명백백한 이유가 바로 이 책에 담아낸, 성경 속에 숨겨진 비밀들이다.

아담, 셋, 에노스, 게난, 마할랄렐, 야렛, 에녹, 므두셀라, 라멕, 노아, 셈, 함과 야벳, 야벳의 아들은 고멜과 마곡과 마대와 야완과 두발과 메섹과 디라스요 고멜의 아들은 아스그나스와 디밧과 도갈마요 야완의 아들은 엘리사와 다시스와 깃딤과 도다님이더라 함의 아들은 구스와 미스라임과 붓과 가나안이요 구스의 아들은 스바와 하윌라와 삽다와 라아마와 삽드가요 라아마의 아들은 스바와 드단이요 구스가 또 니므롯을 낳았으니 세상에 처음 영걸한 자며 미스라임은 루딤과 아나밈과 르하빔과 납두힘과 바드루심과 가슬루힘과 갑도림을 낳았으니 블레셋 족속은 가슬루힘에게서 나왔으며 가나안은 맏아들 시돈과 헷을 낳고 또 여부스 족속과 아모리 족속과 기르가스 족속과 히위 족속과 알가 족속과 신 족속과 아르왓 족속과 스말 족속과 하맛 족속을 낳았더라 셈의 아들은 엘람과 앗수르와 아르박삿과 룻과 아람과 우스와 훌과 게델과 메섹이라 아르박삿은 셀라를 낳고 셀라는 에벨을 낳고 에벨은 두 아들을 낳아 하나의 이름을 벨렉이라 하였으니 이는 그 때에 땅이 나뉘었음이요 그 아우의 이름은 욕단이며 욕단이 알모닷과 셀렙과 하살마웻과 예라와 하도람과 우살과 디글라와 에발과 아비마엘과 스바와 오빌과 하윌라와 요밥을 낳았으니 욕단의 아들들은 이러하니라 셈, 아르박삿, 셀라, 에벨, 벨렉, 르우, 스룩, 나홀, 데라, 아브람 곧 아브라함(대상 1장4~27)(창 10장1~11장26)

또 네 씨로 말미암아 천하 만민이 복을 얻으리니 이는 네가 나의 말을 준행하였음이니라 하셨다 하니라(창 22장18)

이 내용은 아브라함의 씨로 말미암아 천하 만민이 생명을 얻었나니 이는 아브라함이 하나님의 말씀을 준행했기 때문이라는 말씀이다 위 말씀들이 펼쳐지는 순간 하나님의 말씀은 참으로 신기하고 오묘하고 완벽하시다는 생각이 들었다 아래의 말씀을 보면 하나님께서는 아브라함을 모든 사람의 조상이라고 칭하셨다 그러나 사실 모든 인간의 조상은 아브라함이 아닌 노아다 아브라함 때에는 이미 모든 열국과 민족들이 태어나 있었기 때문에 아브라함이 노아가 아니라면 아브라함이 모든 인간의 조상이라는 성경 말씀 자체가 거짓말이 되는 것이다 모든 인간과 모든 민족은 노아의 씨로부터 생명을 얻어 온 땅에 전파된 것이다 그러므로 아브라함에게 모든 사람들의 조상이라고 칭하심은 곧 아브라함이 노아라는 것을 입증한 내용이다. (본 저자의 저서 중 심판, 변개된 성경 참조)

율법은 진노를 이루게 하나니 율법이 없는 곳에는 범함도 없느니라 그러므로 후사가 되는 이 것이 은혜에 속하기 위하여 믿음으로 되나니 이는 그 약속을 그 모든 후손에게 굳게 하려 하심이라 율법에 속한 자에게 뿐아니라 아브라함의 믿음에 속한 자에게도니 아브라함은 하나님 앞에서 우리 모든 사람의 조상이라 기록된바 내가 너를 많은 민족의 조상으로 세웠다 하심과 같으니 그의 믿은바 하나님은 죽은 자를 살리시며 없는 것을 있는 것 같이 부르시는 이시니라(롬 4장15~17)

또한 아브라함의 씨가 다 그 자녀가 아니라 오직 이삭으로부터 난자라야 네 씨라 칭하리라 하셨으니 곧 육신의 자녀가 하나님의 자녀가 아니라 오직 약속의 자녀가 씨로 여기심을 받느니라(롬 9장7~8)

모든 조상의 아버지는 사실 노아임에도 불구하고 하나님께서 아브라함을 가리켜 모든 조상의 아버지라고 말씀하셨으니, 노아와 아브라함이 동일 인물이 아니라면 하나님의 말씀은 거짓이 되는 것이요 하나님께서 노아를 무시하는 결과가 된다 이스라엘 백성이 아닌 이방인들이여! 이 모세의 가시나무떨기 책의 비밀이 곧 너희를 구원할 구원의 열쇠요 이방인인 너희가 천국에 이를 수 있는 유일한 천국 비밀의 열쇠라.

내가 또 다윗 집의 열쇠를 그의 어깨에 두리니 그가 열면 닫을 자가 없겠고 닫으면 열 자가 없으리라(사 22장22)

빌라델비아 교회의 사자에게 편지하기를 거룩하고 진실하사 다윗의 열쇠를 가지신 이 곧 열면 닫을 사람이 없고 닫으면 열 사람이 없는 그이가 가라사대(계 3장7)

내가 천국 열쇠를 네게 주리니 네가 땅에서 무엇이든지 매면 하늘에서도 매일 것이요 네가 땅에서 무엇이든지 풀면 하늘에서도 풀리리라 하시고(마 16장19)

아브라함인 이사야

또 주께서 내게 이르시기를 "이사야야 말씀을 찾으라!" 하시기로 말씀의 내용을 찾으니 명명백백한 하늘의 비밀이라 이는 하늘의 보좌들만 거듭 태어나는 것이 아니라 모든 인간들도 거듭 태어난다는 것을 알게 하여 각기 구원으로 이르기에 합당한 이스라엘 백성의 이름을 부르시기 위함이니, 육신으로는 심판으로 갈 세상 사람들이나 영으로는 하나님의 자녀 됨의 영광을 세우시기 위함에 태초에 정하여 놓으신 하늘의 영광들이요 이에 하늘의 영광의 이름을 찾는 자만이 천국과 구원으로 이르는 것이라 태초 전에 정하여 놓으신 바 된 하나님의 자녀들을 부르시고 온전히 세우고자 하심에 세상 끝에서 이 하늘의 비밀을 드러내는 것이라.

나는 여호와의 보시기에 존귀한 자라 나의 하나님이 나의 힘이 되셨도다 다시 야곱을 자기에게로 돌아오게 하시며 이스라엘을 자기에게로 모이게 하시려고 나를 태에서 나옴으로부터 자기 종을 삼으신 여호와께서 말씀하시니라 그가 가라사대 네가 나의 종이 되어 야곱의 지파들을 일으키며 이스라엘 중에 보전된 자를 돌아오게 할 것은 오히려 경한 일이라 내가 또 너로 이방의 빛을 삼아 나의 구원을 베풀어서 땅 끝까지 이르게 하리라 이스라엘의 구속자, 이스라엘의 거룩한 자이신 여호와께서 사람에게 멸시를 당하는 자, 백성에게 미움을 받는 자, 관원들에게 종이 된 자에게 이같이 이르시되 너를 보고 열 왕이 일어서며 방백들이 경배하리니 이는 너를 택한바 신실한 나 여호와 이스라엘의 거룩한 자를 인함이니라 여호와께서 또 가라사대 은혜의 때에 내가 네게 응답하였고 구원의 날에 내가 너를 도왔도다 내가 장차 너를 보호하여 너로 백성의 언약을 삼으며 나라를 일으켜 그들로 그 황무하였던 땅을 기업으로 상속케 하리라 내가 잡혀 있는 자에게 이르기를 나오라 하며 흑암에 있는 자에게 나타나라 하리라 그들이 길에서 먹겠고 모든 자산에도 그들의 풀밭이 있을 것인즉 그들이 주리거나 목마르지 아니할 것이며 더위와 볕이 그들을 상하지 아니하리니 이는 그들을 긍휼히 여기는 자가 그들을 이끌되 샘물 근원으로 인도할 것임이니라(사 49장5~10)

일어나라 빛을 발하라 이는 네 빛이 이르렀고 여호와의 영광이 네 위에 임하였음이니라 보라 어두움이 땅을 덮을 것이며 캄캄함이 만민을 가리우려니와 오직 여호와께서 네 위에 임하실 것이며 그 영광이 네 위에 나타나리니 열방은 네 빛으로, 열 왕은 비취는 네 광명으로 나아오리라(사 60장1~3)

(사 49장5~10) (사 60장1~3) (사 42장6~7) (사 11장16~12장6) 이 말씀들은 열 왕과 방백들이 이사야에게 경배함으로써, 이사야가 바로 열국과 열 왕의 아버지인 아브라함임을 증거하는 내용이다.

모세인 이사야

여호와께서 또 가라사대 은혜의 때에 내가 네게 응답하였고 구원의 날에 내가 너를 도왔도다 내가 장차 너를 보호하여 너로 백성의 언약을 삼으며 나라를 일으켜 그들로 그 황무하였던 땅을 기업으로 상속케 하리라 내가 잡혀 있는 자에게 이르기를 나오라 하며 흑암에 있는 자에게 나타나라 하리라 그들이 길에서 먹겠고 모든 자산에도 그들의 풀밭이 있을 것인즉 그들이 주리거나 목마르지 아니할 것이며 더위와 볕이 그들을 상하지 아니하리니 이는 그들을 긍휼히 여기는 자가 그들을 이끌되 샘물 근원으로 인도할 것임이니라(사 49장8~10)

이사야의 글에 모세의 내용이 왜 있겠느뇨! 성령을 받은 모든 자들은 자신의 과거의 이름을 찾게 되나니 이는 태초 전에 정하여 놓으신 바 된, 하나님께서 주신 영원한 영의 이름들이라 이사야가 써 놓은 모세에 관한 말씀들은 바로 자신이 모세임을 기억하여 기록한 말씀의 내용이다.

이스라엘이 애굽 땅에서 나오던 날과 같게 하시리라 그 날에 네가 말하기를 여호와여 주께서 전에는 내게 노하셨사오나 이제는 그 노가 쉬었고 또 나를 안위하시오니 내가 주께 감사 하겠나이다 할 것이니라 보라 하나님은 나의 구원이시라..(사 11장16~12장2)

위의 말씀 내용은 모세가 과거 애굽 땅에서 이스라엘 백성들을 구하여 낸 것처럼 심판의 날에도 똑같이 구원으로 인도한다는 뜻이요 이는 이사야가 자신이 아브라함이며 모세임을 입증하는 내용이다 이 기록된 말씀을 믿지 않는 모든 자는 그리스도의 희생과 사랑을 부인하기 위해 평생을 말로만 가르치고 평생을 듣기만 하는 자신의 주장이 절대화된 육신의 믿음들이다 자신들의 주장이 절대화가 되어 말씀 위에 군림하는 교만한 자들이 과연 성경 말씀에 순종하고 따르겠는가! 평생 말씀을 악용하여 자신을 높이는 거짓된 해석과 변명만 가르치고 주장하는 자들을 위해 심판이 예비된 것이 아니뇨! (본 저자의 저서 참조: 심판)

예수께서 아시고 거기를 떠나가시니 사람이 많이 좇는지라 예수께서 저희 병을 다 고치시고 자기를 나타내지 말라 경계하셨으니(마 12장15~16)

이는 선지자 이사야로 말씀하신바 보라 나의 택한 종 곧 내 마음에 기뻐하는바 나의 사랑하는 자로다 내가 내 성령을 줄터이니 그가 심판을 이방에 알게 하리라 그가 다투지도 아니하며 들레지도 아니하리니 아무도 길에서 그 소리를 듣지 못하리라 상한 갈대를 꺾지 아니하며 꺼져가는 심지를 끄지 아니하기를 심판하여 이길 때까지 하리니 또한 이방들이 그 이름을 바라리라 함을 이루려 하심이니라(마 12장17~21)

위 구절의 말씀은 전혀 다른 내용의 두 구절을 붙여 놓은 것이다 다시 말해 앞부분의 말씀과 뒷부분의 말씀이 전혀 다른 말씀인 것이다 그리스도께서 그 당시에 오셨던 것은 세상에 심판을 알리기 위함이 아니요 오직 자신의 목숨까지도 희생하는 십자가의 사랑의 본을 보이사 하나님의 사랑을 온 땅에 알리기 위함에 오신 것이다 다시 말해 위 말씀 구절의 뒷부분은 그리스도에 관한 예언의 말씀이나(마 12장19~21) 말씀 구절 앞부분에 '심판을 이방에 알게 하리라'는 말씀은 그리스도를 가리켜 예언한 말씀이 아니요 무섭고 두려운 심판의 날에 그리스도께서 오시기 전에 앞서 내려와 심판을 전파하고 하나님의 백성들을 구원으로 이르기에 합당한 하나님의 성품을 이루어 가도록 연단할 언약의 사자에 관한 예언의 말씀인 것이다(마 12장17~18) 그리스도께서 오시기 전, 심판에 관한 모든 것을 예비하고 이루기 위하여 언약의 사자를 보낼 것은 이미 말씀에 명명백백히 기록되어 있다.

만군의 여호와가 이르노라 보라 내가 내 사자를 보내리니 그가 내 앞에서 길을 예비할 것이요 또 너희의 구하는 바 주가 홀연히 그 전에 임하리니 곧 너희의 사모하는바 언약의 사자가 임할 것이라 그의 임하는 날을 누가 능히 당하며 그의 나타나는 때에 누가 능히 서리요 그는 금을 연단하는 자의 불과 표백하는 자의 잿물과 같을 것이라 그가 은을 연단하여 깨끗케 하는 자 같이 앉아서 레위 자손을 깨끗케 하되 금, 은 같이 그들을 연단하니 그들이 의로운 제물을 나 여호와께 드릴 것이라(말 3장1~3)

이것이 애굽 땅에서 만군의 여호와를 위하여 표적과 증거가 되리니 이는 그들이 그 압박하는 자의 연고로 여호와께 부르짖겠고 여호와께서는 한 구원자 보호자를 보내사 그들을 건지실 것임이라(사 19장20)

이스라엘 자손을 대하여 하나님이 너희 형제 가운데서 나와 같은 선지자를 세우리라 하던 자가 곧 이 모세라(행 7장37)

또 내게 지팡이 같은 갈대를 주며 말하기를 일어나서 하나님의 성전과 제단과 그 안에서 경배하는 자들을 척량하되 성전 밖 마당은 척량하지 말고 그냥 두라 이것을 이방인에게 주었은즉 저희가 거룩한 성을 마흔 두달 동안 짓밟으리라 내가 나의 두 증인에게 권세를 주리니 저희가 굵은 베옷을 입고 일천 이백 육십 일을 예언하리라 이는 이 땅의 주 앞에 섰는 두 감람나무와 두 촛대니 만일 누구든지 저희를 해하고자 한즉 저희 입에서 불이 나서 그 원수를 소멸할찌니 누구든지 해하려 하면 반드시 이와 같이 죽임을 당하리라 저희가 권세를 가지고 하늘을 닫아 그 예언을 하는 날 동안 비 오지 못하게 하고 또 권세를 가지고 물을 변하여 피 되게 하고 아무 때든지 원하는 대로 여러가지 재앙으로 땅을 치리로다(계 11장1~6)

다시 말해 위의 말씀은 그리스도를 두고 하신 말씀이 아니요 마지막 때에 심판을 알리기 위해 이사야가 두 증인 중 하나로 다시 보내심을 받아 이 땅에 내려올 것을 예언한 말씀이다 신의 경전인 성경 말씀에 이처럼 앞뒤가 맞지 않는 구절들이 존재 되는 것은 과거 로마의 콘스탄틴 왕이 선지자들의 거듭 태어남의 증거를 없애기 위해 많은 학자들을 통하여 수많은 구절들을 변개하고 삭제했기 때문이다. (본 저자의 저서 참조: 변개된 성경)

심판을 알릴 언약의 사자, 모세인 이사야

..추수 때에 내가 추숫군들에게 말하기를 가라지는 먼저 거두어 불사르게 단으로 묶고 곡식은 모아 내 곳간에 넣으라 하리라(마 13장24~30)

나는 아래의 말씀들을 좇아서 심판을 온 땅에 알리고자 말씀으로 온 언약의 사자라 말씀을 좇아 알곡과 가라지를 갈라 알곡은 하나님의 곳간(장막)에 두어 보호하고, 가라지는 하늘에서 쏟아지는 불덩이에 태워지나니 심판의 날에 하나님의 종 모세를 따르는 자는 복되도다.

내가 붙드는 나의 종, 내 마음에 기뻐하는 나의 택한 사람을 보라 내가 나의 신을 그에게 주었은즉 그가 이방에 공의를 베풀리라 그는 외치지 아니하며 목소리를 높이지 아니하며 그 소리로 거리에 들리게 아니하며 상한 갈대를 꺾지 아니하며 꺼져 가는 등불을 끄지 아니하고 진리로 공의를 베풀 것이며 그는 쇠하지 아니하며 낙담하지 아니하고 세상에 공의를 세우기에 이르리니 섬들이 그 교훈을 앙망하리라 하늘을 창조하여 펴시고 땅과 그 소산을 베푸시며 땅 위의 백성에게 호흡을 주시며 땅에 행하는 자에게 신을 주시는 하나님 여호와께서 이같이 말씀하시되 나 여호와가 의로 너를 불렀은즉 내가 네 손을 잡아 너를 보호하며 너를 세워 백성의 언약과 이방의 빛이 되게 하리니 네가 소경의 눈을 밝히며 갇힌 자를 옥에서 이끌어 내며 흑암에 처한 자를 간에서 나오게 하리라(사 42장1~7)

이는 선지자 이사야로 말씀하신바 보라 나의 택한 종 곧 내 마음에 기뻐하는바 나의 사랑하는 자로 다 내가 내 성령을 줄터이니 그가 심판을 이방에 알게 하리라 그가 다투지도 아니하며 들레지도 아니하리니 아무도 길에서 그 소리를 듣지 못하리라 상한 갈대를 꺾지 아니하며 꺼져가는 심지를 끄지 아니하기를 심판하여 이길 때까지 하리니 또한 이방들이 그 이름을 바라리라 함을 이루려 하심이니라(마 12장17~21)

만군의 여호와가 이르노라 보라 내가 내 사자를 보내리니 그가 내 앞에서 길을 예비할 것이요 또 너희의 구하는 바 주가 홀연히 그 전에 임하리니 곧 너희의 사모하는바 언약의 사자가 임할 것이라 그의 임하는 날을 누가 능히 당하며 그의 나타나는 때에 누가 능히 서리요 그는 금을 연단하는 자의 불과 표백하는 자의 잿물과 같을 것이라 그가 은을 연단하여 깨끗케 하는 자 같이 앉아서 레위 자손을 깨끗케 하되 금, 은 같이 그들을 연단하리니 그들이 의로운 제물을 나 여호와께 드릴 것이라(말 3장1~3)

위의 말씀들은 심판의 날에 이스라엘 백성들을 심판으로부터 보호하고 구원으로 인도한다는 예언의 말씀이다 이사야의 말씀을 들어 심판을 예언하신 것은, 마지막 때에 두 증인으로 오는 언약의 사자 모세가 바로 선지 이사야이기 때문이요 과거 모세를 통하여 언약궤가 만들어진 연고 또한 마지막 때에 너희를 심판할 사자가 바로 모세이기 때문이라 하나님께서 언약궤 안에 십계명을 두심은 훗날 무섭고 두려운 심판의 날에 너희를 이 십계명으로써 정죄하기 위함이니, 언약궤를 만든 모세 외에 이 땅에 그 누가 언약궤를 열 수 있으리요! 과거 언약궤를 실수를 짚었음에도 죽음을 당한 일을 기억하라! (대상 13장7~10)

..그들이 보좌 앞과 네 생물과 장로들 앞에서 새 노래를 부르니 땅에서 속량함을 받은 십사만 사천 밖에는 능히 이 노래를 배울 자가 없더라 이 사람들은 여자와 더불어 더럽히지 아니하고 순결한자라 어린 양이 어디로 인도하든지 따라가는 자며 사람 가운데에서 속량함을 받아 처음 익은 열매로 하나님과 어린 양에게 속한 자들이니 그 입에 거짓말이 없고 흠이 없는 자들이더라.. 유리바다 가에 서서 하나님의 거문고를 가지고 하나님의 종 모세의 노래, 어린 양의 노래를 불러 이르되 주 하나님 곧 전능하신이시여 하시는 일이 크고 놀라우시도다 만국의 왕이시여 주의 길이 의롭고 참되시도다(계 14장1~15장3)

심판의 날에 구원자들이 하나님의 종 모세의 노래를 부르는 연고가 무엇이겠느뇨! 바로 모세가 자신들을 심판의 날에 재앙으로부터 피하게 하고 구원에 이르도록 인도한 연고로 구원의 자녀들이 모세의 노래를 부르는 것이다.

만군의 여호와가 이르노라 보라 내가 내 사자를 보내리니 그가 내 앞에서 길을 예비할 것이요 또 너희의 구하는바 주가 홀연히 그 전에 임하리니 곧 너희의 사모하는바 언약의 사자가 임할 것이라..(말 3장1~3)

이는 선지자 이사야로 말씀하신바 보라 나의 택한 종 곧 내 마음에 기뻐하는바 나의 사랑하는 자로다 내가 내 성령을 줄터이니 그가 심판을 이방에 알게 하리라 그가 다투지도 아니하며 들레지도 아니하리니 아무도 길에서 그 소리를 듣지 못하리라 상한 갈대를 꺾지 아니하며 꺼져가는 심지를 끄지 아니하기를 심판하여 이길 때까지 하리니 또한 이방들이 그 이름을 바라리라 함을 이루려 하심이니라(마 12장17~21)

..이것이 애굽 땅에서 만군의 여호와를 위하여 표적과 증거가 되리니 이는 그들이 그 압박하는 자의 연고로 여호와께 부르짖겠고 여호와께서는 한 구원자, 보호자를 보내사 그들을 건지실 것임이라(사 19장19~20)

이스라엘 자손에 대하여 하나님이 너희 형제 가운데서 나와 같은 선지자를 세우리라 하던 자가 곧 이 모세라(행 7장37)

나는 이 말씀을 좇아 심판을 이 땅에 알리고자 하나님께서 보내신 언약의 사자요 과거 애굽 땅에서 너희를 구원으로 인도한 하나님의 종 모세요 심판의 날에 알곡과 가라지를 가르러 온 마지막 선지자요 심판의 날에 주께서 오시기 전에 주의 길을 예비하기 위하여 온 예비의 사자라 이는 세상의 시작과 끝에 보내신 바 되어 알곡들이 온전히 구원의 열매를 맺도록 인도하기 위함에 연단을 위한 하나님의 종 모세요, 주 발 곁에 선 감람나무요 하나님의 사자라. (본 저자의 저서 참조: 심판)

내가 붙드는 나의 종, 내 마음에 기뻐하는 나의 택한 사람을 보라 내가 나의 신을 그에게 주었은즉 그가 이방에 공의를 베풀리라.. 하늘을 창조하여 펴시고 땅과 그 소산을 베푸시며 땅 위의 백성에게 호흡을 주시며 땅에 행하는 자에게 신을 주시는 하나님 여호와께서 이같이 말씀하시되 나 여호와가 의로 너를 불렀은즉 내가 네 손을 잡아 너를 보호하며 너를 세워 백성의 언약과 이방의 빛이 되게 하리니 네가 소경의 눈을 밝히며 갇힌 자를 옥에서 이끌어 내며 흑암에 처한 자를 간에서 나오게 하리라(사 42장1~7)

나는 심판을 온 땅에 알려 알곡들을 심판의 재앙으로부터 보호하고 구원으로 이르기에 합당한 자들로 인도하고 연단할 하나님의 종 모세라 이 말씀을 보고도 믿고 따르지 않는 자는, 자신의 육체를 좇아 난 절대적인 자신의 주장만을 믿는 자다 이는 말씀 대신 말씀을 교활하게 해석한 자신의 주장을 신격화한 황당한 믿음이요 믿음의 시작인 영접부터 그리스도의 고난과 희생과 수고는 회피한 채, 평생을 말로만 가르치고 듣기만 하는 육신의 신앙을 합리화하고 변명하기 위한, 사람의 의욕과 사람의 자긍을 앞세운 종교적 의식과 교리로 오히려 하나님의 말씀과 대적이 되고 십자가의 사랑과 원수가 되는, 세상과 더불어 물질과 겸하여 하나님을 섬기는 탓에 평생을 죄만 반복하는 육신에 속한 목사와 성도들이다 양들에게 먹이고 베풀고 나누어주어 서로 위하고 아끼고 섬기는 아름다운 사랑을 좇아 하나님의 성품을 가르치기 위함의 십일조와 헌물을 오히려 도둑질하기 위한 종교 예배와 전통과 관행을 합리화하고 변명하기 위해 평생 말로만 가르치는 자들이요 평생을 듣기만 하는 신앙만을 좇는 성도들이다 이에 온 땅에 빛과 소금처럼 본과 귀감이 되기는커녕 오히려 성경 말씀을 악용한, 그리스도의 희생과 사랑을 멸시하고 회피하기 위한 자신들의 변명과 주장과 해석을 신격화한 목사들의 설교가 이 지구상에 가장 경계해야 할, 가장 큰 적그리스도요 가장 무서운 이단이다 이들이 말씀을 앞세우는 것은 자신들의 주장을 절대화하기 위함이요 말씀을 해석하는 것은 자신들의 설교를 신격화하기 위함이라 신격화된 인간들의 주장과 해석만을 좇는 성도들이기에 평생을 죄만 반복하는 것이다 죄를 반복케 하는 목사들의 설교와 주장과 해석은 일축하여 인간의 한계를 벗어날 수 없는 인간의 교육 방식이요 사람의 교훈이요 말의 감동이요 사단의 궤휼이요 마귀의 율법이다 하나님의 영(성령)인 양 위장하여 그리스도의 사랑과 보혈을 부정하는 사단의 영이요 하나님의 말씀을 악용하는 마귀의 영이 성도들로 하여금 죽을 때까지 죄만 반복하도록 인도하는 것이다 하나님의 영 즉 성령을 받은 자는 목숨까지도 바치는 그리스도의 사랑을 좇아 의인의 길로 인도함을 받으므로 죄를 범하지 않는다 믿는다고 하는 자들이 죄를 반복하는 것은 세상과 더불어 물질과 겸하여 하나님을 섬기려는 탓에 항상 자신의 욕구를 좇아 난 욕심으로 길들여진 습관에 의해 평생을 죄만 반복할 수밖에 없는 것이다 이에 항상 이해관계 속에 십자가의 사랑이 아닌 육신의 욕심을 좇아 죄만 쌓아 가는 육신의 믿음이요 십자가의 수고와 고난과 희생을 좇아 그리스도의 사랑을 좇는 믿음이 아니라, 세상에 속한 자신의 욕심과 정욕을 좇아 하나님을 가장한 잡신을 섬기는 믿음들이라 세상과 더불어 물질과 겸하여 하나님을 섬기기 위함에 십자가의 사랑을 외면하고 부인한 채, 평생을 말로만 가르치고 평생을 듣기만 하는 신앙이요 육신의 편리한 삶을 좇는 육신의 믿음이기에 평생을 죄만 반복할 수밖에 없는 가증한 신앙들이다 그리스도인의 삶은 살지 않고 오직 육신의 삶을 좇으면서 그리스도인의 믿음을 모방하여 그리스도인인 양하는 가식과 위선과 생색과 교활한 처세술만 늘어가는 믿음들이다.

오늘날 하나님을 믿는다는 모든 종교들은 하늘의 보좌에 대해서는 완전 무지요 그저 안하무인격의 황당한 거짓말들만 난무할 뿐이다 그리스도께서는 항상 자신은 하나님의 우편에 있다고 말씀하시며, 그리스도의 우편에는 다윗이 있다고 말씀하고 계신다.

여호와께서 내 주에게 말씀하시기를 내가 네 원수로 네 발등상 되게 하기까지 너는 내 우편에 앉으라 하셨도다(시 110장1)

가라사대 그러면 다윗이 성령에 감동하여 어찌 그리스도를 주라 칭하여 말하되 주께서 주께 이르시되 내가 네 원수를 네 발 아래 둘 때까지 내 우편에 앉았으라 하셨도다 하였느냐 다윗이 그리스도를 주라 칭하였은즉 어찌 그의 자손이 되겠느냐 하시니 한 말도 능히 대답하는 자가 없고 그 날부터 감히 그에게 묻는 자도 없더라(마 22장43~46)

하나님의 우편에는 그리스도가 계시며 그리스도의 우편에는 야곱이 있고, 하나님의 좌편에는 아브라함이 있으며 아브라함의 좌편에는 이삭이 있다 그래서 하늘나라는 그리스도와 아브라함과 이삭과 야곱, 이 네 보좌로 이루어져 있음이라 (네 생물, 스랍, 구름기둥, 불기둥에 관한 보다 자세한 내용은 강의에 직접 참석하여 그 비밀을 얻길 바란다)

그러므로 아브라함과 이삭과 야곱의 하나님은 영원한 하나님의 표호라 하심이요 또한 이 네 보좌가 바로 천국이라 이에 누가복음 16장22절 말씀에 나사로가 아브라함의 품에 들어갔다 함이라 오늘날 기독교의 목사들은 하나님의 비밀과 이상을 신학을 통한 인간의 학문과 상식과 억지 된 주장으로 풀이하다 보니, 인간의 한계와 상식으로는 절대로 풀 수 없고 오직 신의 지혜를 지닌 자만이 풀 수 있는 신의 영역인 신의 경전의 비밀들을 인본주의적인 인간의 사고와 판단과 지식으로 해석하고 풀이한 연고로 성경 본연의 뜻조차 오히려 왜곡하고 변질시키는 결과만 초래하였다.

하나님이 또 모세에게 이르시되 너는 이스라엘 자손에게 이같이 이르기를 나를 너희에게 보내신 이는 너희 조상의 하나님 곧 아브라함의 하나님, 이삭의 하나님, 야곱의 하나님 여호와라 하라 이는 나의 영원한 이름이요 대대로 기억할 나의 표호니라(출 3장15)

또 너희에게 이르노니 동서로부터 많은 사람이 이르러 아브라함과 이삭과 야곱과 함께 천국에 앉으려니와 나라의 본 자손들은 바깥 어두운데 쫓겨나 거기서 울며 이를 갊이 있으리라(마 8장11~12)

이에 그 거지가 죽어 천사들에게 받들려 아브라함의 품에 들어가고 부자도 죽어 장사되매 저가 음부에서 고통 중에 눈을 들어 멀리 아브라함과 그의 품에 있는 나사로를 보고 불러 가로되 아버지 아브라함이여 나를 긍휼히 여기사 나사로를 보내어 그 손가락 끝에 물을 찍어 내 혀를 서늘하게 하소서 내가 이 불꽃 가운데서 고민하나이다(눅 16장22~24)

하늘의 네 보좌가 바로 천국으로 들어가는 하늘의 천국 문이요 네 보좌 자체가 천국이다 이처럼 성경 말씀은 인간의 신학과 지혜와 한계로는 풀 수 없고 알 수 없는 신의 영역이다 그러나 신의 경전인 이 성경을 한낱 인간의 지식과 학문으로 해석하고 풀이하여 가르치는 까닭에 인간 중심(인본주의)의 황당한 억지와 황당한 거짓의 가르침과 설교만 난무하고 있는 것이다.

보이지 않는 신의 세계와 이상을 마치 인간의 지식과 학문으로 해석하고 풀이하려는 그 자체가 바로 자신들을 신격화하는 교만함이다 인간의 지혜와 상식과 이상과 한계로는 절대로 성경을 풀 수 없다 또한 오늘날의 인간 중심(인본주의)의 학문을 바탕으로 하는 기독교와 가톨릭(로마교)의 거짓 성령으로는 절대로 하나님의 능력의 지혜 자체를 이해할 수도 모방할 수도 흉내낼 수도 없다.

두 증인 중 하나인 요한 (언약의 사자, 모세)

이것들을 보고 들은 자는 나 요한이니 내가 듣고 볼 때에 이 일을 내게 보이던 천사의 발앞에 경배하려고 엎드렸더니 저가 내게 말하기를 나는 너와 네 형제 선지자들과 또 이 책의 말을 지키는 자들과 함께 된 종이니 그리하지 말고 오직 하나님께 경배하라 하더라 (계 22장8~9)

요한계시록의 요한이 두 증인에 관한 내용을 기록한 것은 두 증인 중에 한 사람이 바로 요한이기 때문이요 이에 요한이 자신이 후생에 두 증인으로 올 것을 예언한 것이다 요한계시록의 요한은 두 증인 중에 한사람, 바로 아브라함이다 그래서 그리스도께서 요한에게 말씀하시길 너도 우리와 같은 대언자니 우리에게 경배하지 말고 오직 하나님께만 경배하라 하심이라.

내가 나의 두 증인에게 권세를 주리니 저희가 굵은 베옷을 입고 일천 이백 육십 일을 예언하리라 이는 이 땅의 주 앞에 섰는 두 감람나무와 두 촛대니(계 11장3~4)

그 등대 곁에 두 감람나무가 있는데 하나는 그 주발 우편에 있고 하나는 그 좌편에 있나이다 하고 내게 말하는 천사에게 물어 가로되 내 주여 이것들이 무엇이니이까 내게 말하는 천사가 대답하여 가로되 네가 이것들이 무엇인지 알지 못하느냐 내가 대답하되 내 주여 내가 알지 못하나이다.. 내가 그에게 물어 가로되 등대 좌우의 두 감람나무는 무슨 뜻이니이까 하고 다시 그에게 물어 가로되 금 기름을 흘려내는 두 금관 옆에 있는 이 감람나무 두 가지는 무슨 뜻이니이까 그가 내게 대답하여 가로되 네가 이것이 무엇인지 알지 못하느냐 대답하되 내 주여 알지 못 하나이다 가로되 이는 기름 발리운 자 둘이니 온 세상의 주 앞에 모셔 섰는 자니라 하더라(슥 4장3~14)

일곱째 천사가 소리 내는 날 그 나팔을 불게 될 때에 하나님의 비밀이 그 종 선지자들에게 전하신 복음과 같이 이루리라 하늘에서 나서 내게 들리던 음성이 또 내게 말하여 가로되 네가 가서 바다와 땅을 밟고 섰는 천사의 손에 펴 놓인 책을 가지라 하기로 내가 천사에게 나아가 작은 책을 달라 한즉 천사가 가로되 갖다 먹어버리라 네 배에는 쓰나 네 입에는 꿀 같이 달리라 하거늘 내가 천사의 손에서 작은 책을 갖다 먹어버리니 내 입에는 꿀 같이 다나 먹은 후에 내 배에서는 쓰게 되더라 저가 내게 말하기를 네가 많은 백성과 나라와 방언과 임금에게 다시 예언하여야 하리라 하더라 또 내게 지팡이 같은 갈대를 주며 말하기를 일어나서 하나님의 성전과 제단과 그 안에서 경배하는 자들을 척량하되 성전 밖 마당은 척량 하지 말고 그냥 두라 이것을 이방인에게 주었은즉 저희가 거룩한 성을 마흔 두달 동안 짓밟으리라 내가 나의 두 증인에게 권세를 주리니 저희가 굵은 베옷을 입고 일천 이백 육십 일을 예언하리라 (계 10장7~11장3)

하나님의 우편에는 그리스도가 계시며 그리스도의 우편에는 야곱이 있고, 하나님의 좌편에는 아브라함이 있으며 아브라함의 좌편에는 이삭이 있다 그렇다면 두 증인과 두 감람나무는, 하나는 하나님의 우편에 있는 그리스도나 야곱이요, 또 하나는 하나님의 좌편에 있는 아브라함이나 이삭일 것이다 그러나 그리스도께서는 심판의 날에 하늘 구름을 타고 하나님의 우편에 앉아 하나님과 함께 오신다고 하셨고, 뒤이어 다음 내용들을 보게 되면 이삭 역시 하늘에 있는 열국의 이스라엘에서 그리스도와 함께 말씀을 전파할 것임을 알 수 있다 다시 말해서 그리스도와 이삭은 하늘의 이스라엘에게 심판의 말씀을 전파하고, 이 땅에서는 아브라함과 야곱이 전파한다는 것이다 또한 아브라함과 야곱이 바로 과거에 모세와 아론이었으며 두 증인과 두 감람나무 또한 아브라함과 야곱인, 모세와 아론임을 알게 될 것이다.

그 때에 인자의 징조가 하늘에서 보이겠고 그 때에 땅의 모든 족속들이 통곡하며 그들이 인자가 구름을 타고 능력과 큰 영광으로 오는 것을 보리라(마 24장30)

예수께서 가라사대 네가 말하였느니라 그러나 내가 너희에게 이르노니 이 후에 인자가 권능의 우편에 앉은 것과 하늘 구름을 타고 오는 것을 너희가 보리라 하시니(마 26장64)

또 너희에게 이르노니 동서로부터 많은 사람이 이르러 아브라함과 이삭과 야곱과 함께 천국에 앉으려니와 나라의 본 자손들은 바깥 어두운데 쫓겨나 거기서 울며 이를 갊이 있으리라 (마 8장11~12)

내가 또 주의 목소리를 들은즉 이르시되 내가 누구를 보내며 누가 우리를 위하여 갈꼬 그 때에 내가 가로되 내가 여기 있나이다 나를 보내소서 여호와께서 가라사대 가서 이 백성에게 이르기를 너희가 듣기는 들어도 깨닫지 못할 것이요 보기는 보아도 알지 못하리라 하여 이 백성의 마음으로 둔하게 하며 그 귀가 막히고 눈이 감기게 하라 염려컨대 그들이 눈으로 보고 귀로 듣고 마음으로 깨닫고 다시 돌아와서 고침을 받을까 하노라(사 6장8~10)

만군의 여호와가 이르노라 보라 내가 내 사자를 보내리니 그가 내 앞에서 길을 예비할 것이요 또 너희의 구하는바 주가 홀연히 그 전에 임하리니 곧 너희의 사모하는바 언약의 사자가 임할 것이라 그의 임하는 날을 누가 능히 당하며 그의 나타나는 때에 누가 능히 서리요 그는 금을 연단하는 자의 불과 표백하는 자의 잿물과 같을것이라 그가 은을 연단하여 깨끗케 하는 자 같이 앉아서 레위 자손을 깨끗케 하되 금, 은 같이 그들을 연단하리니 그들이 의로운 제물을 나 여호와께 드릴 것이라 그 때에 유다와 예루살렘의 헌물이 옛날과 고대와 같이 나 여호와께 기쁨이 되려니와 내가 심판하러 너희에게 임할 것이라 술수하는 자에게와 간음하는 자에게와 거짓 맹세하는 자에게와 품군의 삯에 대하여 억울케 하며 과부와 고아를 압제하며 나그네를 억울케 하며 나를 경외치 아니하는 자들에게 속히 증거하리라 만군의 여호와가 말하였느니라(말 3장1~5)

하나님의 종 모세의 노래, 어린 양의 노래를 불러 가로되..(계 15장3) (계 14장1~3)

오늘날의 성경은 과거 로마의 콘스탄틴 왕에 의해 수많은 구절들이 삭제되고 변개되었다 특히나 환생에 관한 말씀들이 대부분 삭제되었으나 남아 있는 극히 일부분의 말씀만으로도 인간의 거듭 태어남을 명명백백하게 증거하고 있다 명백히 말하건대 이 책을 보고 있는 당신도 100% 거듭 태어난 자요 환생한 자다 그러므로 이 내용을 받아들이지 않는다면 당신은 자신의 생명의 뿌리를 찾을 수 없고 이에 이스라엘 열두 지파만이 들어갈 수 있는 천국에 결코 들어갈 수도 없을 뿐 아니라 심판의 날에 구원될 수도 없다.

아브라함의 거듭 태어남을 증거하는 비밀들을 다 찾은 후, 내가 주께 묻기를 "주여 그렇다면 그리스도도 이삭도 야곱도 제가 거듭 태어난 것과 같이 그리하나이까?" 하니 주께서 말씀하시길 "그렇다 찾으라!" 하시기로 나는 그리스도께서 거듭 태어나셨음의 비밀을 성경 말씀에서 찾기 시작하였다.

그리스도의 보좌
(하나님의 우편에 앉은 보좌)

그리스도의 보좌 (하나님의 우편에 앉은 보좌)

아 담 → 욥 → 멜기세덱 → ? → 에스겔 → 그리스도

그리스도인 아담

기록된바 첫 사람 아담은 산 영이 되었다 함과 같이 마지막 아담은 살려 주는 영이 되었나니 (고전 15장45)

그러나 아담으로부터 모세까지 아담의 범죄와 같은 죄를 짓지 아니한 자들 위에도 사망이 왕 노릇하였나니 아담은 오실 자의 표상이라(롬 5장14)

아담의 하나님이라는 말은 성경 말씀에 없다 왜일까? 모든 인류의 씨앗이요 모든 인간의 조상인데 왜 아담의 하나님이란 호칭은 없는 것일까? 바로 아담은 우리를 심판에서 구원하실 그리스도시기 때문이요 우리의 표상이 되는 그리스도시기 때문이라.

하나님의 사랑이 우리에게 이렇게 나타난바 되었으니 하나님이 자기의 독생자를 세상에 보내심은 저로 말미암아 우리를 살리려 하심이니라(요1 4장9) (요 1장14)

하나님이 세상을 이처럼 사랑하사 독생자를 주셨으니 이는 저를 믿는 자마다 멸망치 않고 영생을 얻게 하려 하심이니라(요 3장16) (요 3장18)

하나님이 미리 아신 자들로 또한 그 아들의 형상을 본받게 하기 위하여 미리 정하셨으니 이는 그로 많은 형제 중에서 맏아들이 되게 하려 하심이니라(롬 8장29)

또 맏아들을 이끌어 세상에 다시 들어오게 하실 때에 하나님의 모든 천사가 저에게 경배할찌어다(히 1장6) (갈 3장16)

만약 그리스도께서 다윗의 후손으로 한번 태어나신 것이라면 그리스도는 독생자도 맏아들도 결코 성립될 수 없다 그러나 그리스도께서 아담이시기에 독생자일 수 있는 것이요 그리스도 아브라함 이삭 야곱의 보좌 중 처음 난 아들이기에 맏아들이 성립되는 것이다 다시 말하면 아담은 인류의 유일무이한 씨앗이기에 독생자요, 온 인류의 첫 아들이기에 맏아들이다 모든 생물의 이름을 아담에게 짓도록 하신 이유가 무엇이겠는가! 바로 그리스도시기 때문이라 만약 그리스도께서 아담이 아니라면 그리스도께서 독생자와 맏아들이라는 말씀의 명분을 찾을 수가 없다.

여호와 하나님이 흙으로 각종 들짐승과 공중의 각종 새를 지으시고 아담이 어떻게 이름을 짓나 보시려고 그것들을 그에게로 이끌어 이르시니 아담이 각 생물을 일컫는 바가 곧 그 이름이라(창 2장19)

그리스도인 욥, 아담인 욥

[Ⅰ. 그리스도인 욥]

욥이 풍자하여 이르되 나는 지난 세월과 하나님이 나를 보호하시던 때가 다시 오기를 원하노라 그 때에는 그의 등불이 내 머리에 비치었고 내가 그의 빛을 힘입어 암흑에서도 걸어다녔느니라 내가 원기 왕성하던 날과 같이 지내기를 원하노라 그 때에는 하나님이 내 장막에 기름을 발라 주셨도다 그 때에는 전능자가 아직도 나와 함께 계셨으며 나의 젊은이들이 나를 둘러 있었으며 젖으로 내 발자취를 씻으며 바위가 나를 위하여 기름 시내를 쏟아냈으며 그 때에는 내가 나가서 성문에 이르기도 하며 내 자리를 거리에 마련하기도 하였느니라 나를 보고 젊은이들은 숨으며 노인들은 일어나서 서며 유지들은 말을 삼가고 손으로 입을 가리며 지도자들은 말소리를 낮추었으니 그들의 혀가 입천장에 붙었느니라 귀가 들은즉 나를 축복하고 눈이 본즉 나를 증언하였나니 이는 부르짖는 빈민과 도와 줄 자 없는 고아를 내가 건졌음이라 망하게 된 자도 나를 위하여 복을 빌었으며 과부의 마음이 나로 말미암아 기뻐 노래하였느니라 내가 의를 옷으로 삼아 입었으며 나의 정의는 겉옷과 모자 같았느니라 나는 맹인의 눈도 되고 다리 저는 사람의 발도 되고 빈궁한 자의 아버지도 되며 내가 모르는 사람의 송사를 돌보아 주었으며 불의한 자의 턱뼈를 부수고 노획한 물건을 그 잇새에서 빼내었느니라 내가 스스로 말하기를 나는 내 보금자리에서 숨을 거두며 나의 날은 모래알 같이 많으리라 하였느니라 내 뿌리는 물로 뻗어나가고 이슬이 내 가지에서 밤을 지내고 갈 것이며 내 영광은 내게 새로워지고 내 손에서 내 화살이 끊이지 않았노라 무리는 내 말을 듣고 희망을 걸었으며 내가 가르칠 때에 잠잠하였노라 내가 말한 후에는 그들이 말을 거듭하지 못하였나니 나의 말이 그들에게 스며들었음이라 그들은 비를 기다리듯 나를 기다렸으며 봄비를 맞이하듯 입을 벌렸느니라 그들이 의지 없을 때에 내가 미소하면 그들이 나의 얼굴 빛을 무색하게 아니 하였느니라 내가 그들의 길을 택하여 주고 으뜸되는 자리에 앉았나니 왕이 군대 중에 있는 것과도 같았고 애곡하는 자를 위로하는 사람과도 같았느니라(욥 29장1~25)

욥이 말하기를, 자신이 창조 전 흑암 중에 하나님과 운행하였으며 하나님께서 자신과 함께하셨고 자신이 스스로 기름부음을 내는 으뜸되는 자리에 앉은 높은 자였으며 이에 높은 자들도 자신 앞에서는 감히 말도 함부로 하지 못하였으니, 공의와 정의로 단장하고 왕처럼 으뜸이 되어 백성들을 다스렸다는 말씀이다 이는 다시 말하면 자신이 그리스도임을 입증한 내용이다.

[Ⅱ. 아담인 욥]

주의 손으로 나를 만드사 백체를 이루셨거늘 이제 나를 멸하시나이다 기억하옵소서 주께서 내 몸 지으시기를 흙을 뭉치듯 하셨거늘 다시 나를 티끌로 돌려보내려 하시나이까 주께서 나를 젖과 같이 쏟으셨으며 엉긴 젖처럼 엉기게 하지 아니하셨나이까 가죽과 살로 내게 입히시며 뼈와 힘줄로 나를 뭉치시고 생명과 은혜를 내게 주시고 권고하심으로 내 영을 지키셨나이다(욥 10장8~12)

여호와 하나님이 흙으로 사람을 지으시고 생기를 그 코에 불어 넣으시니 사람이 생령이 된지라(창 2장7)

이 성경 말씀의 내용은 욥이, 자신이 바로 하나님께서 흙으로 빚어 만드셨던 아담이었다고 말씀하고 있는 내용이다 다시 말해서 욥은, 자신이 바로 모든 백성을 다스리는 그리스도요 하나님께서 흙으로 빚어 만드셨던 아담이었다고 말씀하고 있는 것이다 오늘의 이 내용들도 과거 콘스탄틴 왕이 삭제하고 변개한 내용 중 극히 일부의 내용이다.

그리스도인 아모스

내가 보니 주께서 단 곁에 서서 이르시되 기둥 머리를 쳐서 문지방이 움직이게 하며 그것으로 부숴져서 무리의 머리에 떨어지게 하라 내가 그 남은 자를 칼로 살육하리니 그 중에서 하나도 도망하지 못하며 그 중에서 하나도 피하지 못하리라(암 9장1)

유다 왕 웃시야와 요담과 아하스와 히스기야 시대에 아모스의 아들 이사야가 유다와 예루살렘에 대하여 본 이상이라(사 1장1)

아모스의 아들 이사야가 받은바 유다와 예루살렘에 관한 말씀이라(사 2장1)

오늘날 우리가 보고 있는 성경은 구약 시대의 권력과 신약 시대의 콘스탄틴 왕에 의해 수많은 말씀 구절들이 변개되고 삭제되었다 사실 본래의 성경은 지금 우리가 보고 있는 성경 전체 분량의 최소한 7배 이상은 되어야 한다 그러나 그 많은 분량이 다 변개되고 삭제되어 오늘날 우리는 겨우 뼈대만 남아 있는 성경을 보고 있는 것이다.

모든 선지자는 결코 혈과 육에 속하여 육신의 아버지를 좇지 않는다 혈통과 육정을 버리지 않고서는 절대로 성령을 받을 수 없기 때문이다 다시 말해서 아모스의 아들 이사야라는 칭함 속에 이사야의 아버지로 불리운 아모스는 결코 육신의 아버지를 말하는 것이 아니요 바로 그리스도이신 아모스를 아버지라 칭하여 아모스의 아들 이사야라 하신 것이다 앞서 설명했듯이 이사야는 아브라함이 거듭 태어나 온 것으로, 이사야가 곧 아브라함이니 하늘의 보좌인 아브라함이 아버지라 칭할 수 있는 이가 세상에 그리스도 외에 누가 있단 말인가! 하늘의 보좌인 아브라함에게 아버지의 칭함을 받을 수 있는 자는 이삭도 야곱도 아니요 오직 아브라함보다 높으신 그리스도뿐이시다.

생각해보라! 성령을 받아 자신이 아브라함임을 이사야가 이미 알고 있는데, 육신의 아버지를 성경 앞 구절에 쓴다는 것은 절대로 존재 될 수 없는 일이다 이는 말씀 한 구절이 땅에 떨어지는 것보다 세상의 모든 만물이 사라지는 것이 오히려 쉬운 것처럼, 혈통과 육정을 버린 선지자에게 이 같은 일은 절대로 있을 수 없는 일이다 다시 말하면 자신이 아브라함임을 아는 이사야가 아모스를 아버지라 칭할 수 있는 것은 바로 아모스가 그리스도시기 때문이라 이를 뒷받침할 성경의 내용들이 콘스탄틴 왕에 의해 수없이 삭제되고 변개되어 현재로서는 이 근거만으로 설명할 수밖에 없다 근거와 증거를 보지 않으면 이해할 수 없는 인간의 상식으로는 믿어지지 않을 수도 있겠으나 하나님의 참된 성령을 받은 자는 말씀을 눈과 귀로 보고 듣고 배워서 아는 것이 아니라 진리가 마음 안에 들어와 친히 가르치기에 이에 대한 비밀을 명확히 앎이라.

나는 여호와의 보시기에 존귀한 자라 나의 하나님이 나의 힘이 되셨도다 다시 야곱을 자기에게로 돌아오게 하시며 이스라엘을 자기에게로 모이게 하시려고 나를 태에서 나옴으로부터 자기 종을 삼으신 여호와께서 말씀하시니라 그가 가라사대 네가 나의 종이 되어 야곱의 지파들을 일으키며 이스라엘 중에 보전된 자를 돌아오게 할 것은 오히려 경한 일이라 내가 또 너로 이방의 빛을 삼아 나의 구원을 베풀어서 땅 끝까지 이르게 하리라 이스라엘의 구속자, 이스라엘의 거룩한 자이신 여호와께서 사람에게 멸시를 당하는 자, 백성에게 미움을 받는 자, 관원들에게 종이 된 자에게 이같이 이르시되 너를 보고 열 왕이 일어서며 방백들이 경배하리니 이는 너를 택한바 신실한 나 여호와 이스라엘의 거룩한 자를 인함이니라 여호와께서 또 가라사대 은혜의 때에 내가 네게 응답하였고 구원의 날에 내가 너를 도왔도다 내가 장차 너를 보호하여 너로 백성의 언약을 삼으며 나라를 일으켜 그들로 그 황무하였던 땅을 기업으로 상속케 하리라 내가 잡혀 있는 자에게 이르기를 나오라 하며 흑암에 있는 자에게 나타나라 하리라 그들이 길에서 먹겠고 모든 자산에도 그들의 풀밭이 있을 것인즉 그들이 주리거나 목마르지 아니할 것이며 더위와 볕이 그들을 상하지 아니하리니 이는 그들을 긍휼히 여기는 자가 그들을 이끌되 샘물 근원으로 인도할 것임이니라(사 49장5~10)

그리스도인 에스겔

내게 이르시되 인자야 이는 내 보좌의 처소, 내 발을 두는 처소, 내가 이스라엘 족속 가운데 영원히 거할 곳이라 이스라엘 족속 곧 그들과 그 왕들이 음란히 행하며 그 죽은 왕들의 시체로 다시는 내 거룩한 이름을 더럽히지 아니하리라 그들이 그 문지방을 내 문지방 곁에 두며 그 문설주를 내 문설주 곁에 두어서 그들과 나 사이에 겨우 한 담이 막히게 하였고 또 그 행하는 가증한 일로 내 거룩한 이름을 더럽혔으므로 내가 노하여 멸하였거니와 이제는 그들이 그 음란과 그 왕들의 시체를 내게서 멀리 제하여 버려야 할 것이라 그리하면 내가 영원토록 그들의 가운데 거하리라 인자야 너는 이 전을 이스라엘 족속에게 보여서 그들로 자기의 죄악을 부끄러워하고 그 형상을 측량하게 하라 만일 그들이 자기의 행한 모든 일을 부끄러워하거든 너는 이 전의 제도와 식양과 그 출입하는 곳과 그 모든 형상을 보이며 또 그 모든 규례와 그 모든 법도와 그 모든 율례를 알게 하고 그 목전에 그것을 써서 그들로 그 모든 법도와 그 모든 규례를 지켜 행하게 하라 전의 법은 이러 하니라 산꼭대기 지점의 주위는 지극히 거룩하리라 전의 법은 이러하니라 (겔 43장7~12)

그가 또 내게 이르시되 인자야 너는 받는 것을 먹으라 너는 이 두루마리를 먹고 가서 이스라엘 족속에게 고하라 하시기로 내가 입을 벌리니 그가 그 두루마리를 내게 먹이시며 내게 이르시되 인자야 내가 네게 주는 이 두루마리로 네 배에 넣으며 네 창자에 채우라 하시기에 내가 먹으니 그것이 내 입에서 달기가 꿀 같더라 그가 또 내게 이르시되 인자야 이스라엘 족속에게 가서 내 말로 그들에게 고하라 너를 방언이 다르거나 말이 어려운 백성에게 보내는 것이 아니요 이스라엘 족속에게 보내는 것이라 너를 방언이 다르거나 말이 어려워 네가 알아듣지 못할 열국에 보내는 것이 아니니라 내가 너를 그들에게 보내었더면 그들은 정녕 네 말을 들었으리라 그러나 이스라엘 족속은 이마가 굳고 마음이 강퍅하여 네 말을 듣고자 아니하리니 이는 내 말을 듣고자 아니함이니라 내가 그들의 얼굴을 대하도록 네 얼굴을 굳게 하였고 그들의 이마를 대하도록 네 이마를 굳게 하였으되 네 이마로 화석보다 굳은 금강석 같이 하였으니 그들이 비록 패역한 족속이라도 두려워 말며 그 얼굴을 무서워 말라 하시고 또 내게 이르시되 인자야 내가 네게 이를 모든 말을 너는 마음으로 받으며 귀로 듣고 사로잡힌 네 민족에게로 가서 그들이 듣든지 아니 듣든지 그들에게 고하여 이르기를 주 여호와의 말씀이 이러하시다 하라 하시더라 (겔 3장1~11)

에스겔서 40장~48장까지는 천국(예루살렘)의 지성소와 성소에 관한 내용을 담고 있다 성경학자들은 에스겔이 무엇을 측량했는지, 하늘의 예루살렘이 어떠한 곳인지도 전혀 알지 못하기에 가르치는 것 자체가 무리일 수밖에 없다 에스겔서에 보면 하나님께서는 에스겔의 이름을 부르시지 않고 하나같이 인자라고 부르고 계신다(에스겔을 93번에 걸쳐 인자라고 부르셨다) 왜 에스겔을 가리켜 그리스도의 칭함인 인자라 부르신 것인지에 대하여 오늘날 성경학자들은 전혀 알지 못한다 지성소 안에서 하나님의 형상을 직접 보고 대면할 수 있는 보좌는 오직 그리스도와 아브라함과 이삭과 야곱뿐이다 네 보좌를 제외하고는 모든 천사장이나 장로들은 물론 그 누구도 지성소 안에 들어갈 수 없다 그저 문통 앞에 앉아있는 네 보좌들만 볼 뿐이다 오직 네 보좌들만이 하나님께서 계신 하늘의 지성소 안에 들어가 하나님께 말씀을 받아 이 땅에 보내심을 입어 말씀을 전할 수 있는 것이요 이에 기록된 것이 바로 오늘날의 성경이다 하나님을 직접 보고 만나고 얘기하며 거룩하신 이 성경 말씀을 하나님께 직접 받을 수 있는 자는 오직 하늘의 네 보좌밖에는 존재 되지 않는다 이 네 보좌는 그리스도와 아브라함과 이삭과 야곱이요 이에 아브라함의 하나님 이삭의 하나님 야곱의 하나님은 하나님의 영원한 표호라고 하신 것이다 그러나 더욱이 하나님의 지성소를 측량할 수 있는 분은 오직 그리스도뿐이시기에 에스겔이 하늘의 지성소와 성소를 측량했다는 것 자체가 바로 그리스도이심을 증거하는 것이요 마찬가지로 에스겔이 그리스도이시기에 하나님께서 에스겔을 인자라고 부르신 것이다.

멜기세덱인 그리스도

아브람이 그돌라오멜과 그와 함께한 왕들을 파하고 돌아올 때에 소돔왕이 사웨 골짜기 곧 왕곡에 나와 그를 영접하였고 살렘 왕 멜기세덱이 떡과 포도주를 가지고 나왔으니 그는 지극히 높으신 하나님의 제사장이었더라(창 14장17~18)

모든 조상의 아버지인 아브라함보다 높은 자는 하나님 외에는 오직 그리스도밖에 존재되지 않는다 다시 말해 이 땅에서 아브라함에게 복을 빌어 주고 높임을 받을 수 있는 분은 오직 그리스도뿐이시다 따라서 아브라함에게 십일조를 받고 아브라함에게 복을 빌어 주었다는 것은 멜기세덱이 아브라함보다 높은 자임을 증거하는 것이요 또한 그리스도이심을 명백히 증거하고 있는 것이다.

이 멜기세덱은 살렘 왕이요 지극히 높으신 하나님의 제사장이라 여러 임금을 쳐서 죽이고 돌아오는 아브라함을 만나 복을 빈 자라 아브라함이 일체 십분의 일을 그에게 나눠 주니라 그 이름을 번역한즉 첫째 의의 왕이요 또 살렘 왕이니 곧 평강의 왕이요 아비도 없고 어미도 없고 족보도 없고 시작한 날도 없고 생명의 끝도 없어 하나님 아들과 방불하여 항상 제사장으로 있느니라 이 사람의 어떻게 높은 것을 생각하라 조상 아브라함이 노략물 중 좋은 것으로 십분의 일을 저에게 주었느니라 레위의 아들들 가운데 제사장의 직분을 받는 자들이 율법을 좇아 아브라함의 허리에서 난자라도 자기 형제인 백성에게서 십분의 일을 취하라는 명령을 가졌으나 레위 족보에 들지 아니한 멜기세덱은 아브라함에게서 십분의 일을 취하고 그 약속 얻은 자를 위하여 복을 빌었나니 폐일언하고 낮은 자가 높은 자에게 복 빎을 받느니라 또 여기는 죽을 자들이 십분의 일을 받으나 저기는 산다고 증거를 얻은 자가 받았느니라 또한 십분의 일을 받는 레위도 아브라함으로 말미암아 십분의 일을 바쳤다 할 수 있나니 이는 멜기세덱이 아브라함을 만날 때에 레위는 아직 자기 조상의 허리에 있었음이니라(히 7장1~10)

이 말씀의 내용은 멜기세덱이 그리스도이심을 명명백백히 밝히고 있다 누가 보아도 멜기세덱이 그리스도이심을 절대적으로 인정할 수밖에 없는 내용들이기에 기독교의 많은 목사들도 이를 부인하지 못하는 것이다 엘리야가 세례 요한으로 거듭 태어나 이 땅에 다시 왔던 것처럼 멜기세덱이 그리스도로 거듭 태어났던 것이다 이에 반문을 하는 자가 있다면 과연 자신이 성경 말씀을 믿고 있는 것인지 아니면 자신의 생각과 판단을 믿고 있는 것인지 먼저 돌이켜보라!

멜기세덱에 관하여는 우리가 할 말이 많으나 너희의 듣는 것이 둔하므로 해석하기 어려우니라 (히 5장11)

그리로 앞서 가신 예수께서 멜기세덱의 반차를 좇아 영원히 대제사장이 되어 우리를 위하여 들어 가셨느니라 (히 6장20)

의의 왕이요 또 살렘 왕이니 곧 평강의 왕이요 아비도 없고 어미도 없고 족보도 없고 시작한 날도 없고 생명의 끝도 없어 하나님 아들과 방불하여 항상 제사장으로 계신다는 멜기세덱이 그리스도이심을 시인한다면 수많은 말씀들이 증거하고 뒷받침하고 있는, 보좌의 거듭 태어남과 환생에 관한 이 비밀들을 부정할 수 없을 것이다 지금 필자가 이 환생에 대하여 가르치는 것은 필자와 보좌만이 아니라 모든 사람들이 거듭 태어났음을 밝혀 당신이 구원으로 이르기에 합당한 자신의 이스라엘의 뿌리를 찾아 이스라엘의 이름을 얻도록 하기 위함이라 그러나 반대로 멜기세덱이 그리스도이심을 부인한다면, 이는 기록된 말씀에 그리스도는 멜기세덱의 반차를 좇는 제사장이라 하셨기에 그리스도께서는 멜기세덱의 신하라는 것과 같고 멜기세덱과 그리스도께서 동일 인물이 아니라면 멜기세덱이 그리스도보다 높은 자라는 뜻이 된다 또한 기독교가 멜기세덱이 그리스도로 오신 것을 부인할 수 없는 더 명확하고 확실한 이유는 '그 이름을 번역한즉 첫째 의의 왕이요 또 살렘 왕이니 곧 평강의 왕이요 아비도 없고 어미도 없고 족보도 없고 시작한 날도 없고 생명의 끝도 없어 하나님 아들과 방불하여 항상 제사장으로 있느니라' (히 7장1~3)는 이 말씀이 명백히 기록되어 있기 때문이다 또한 멜기세덱을 그리스도로 인정하지 않으면 기독교의 삼위일체는 완벽하게 거짓말이 된다 삼위일체란, 성령과 그리스도와 하나님은 하나라는 것인데 위 말씀 구절대로라면 기독교의 삼위일체는 성령과 그리스도와 하나님이 하나라는 것보다 오히려 성령과 멜기세덱과 하나님이 하나라는 것이 더 정확한 이치다 그러므로 멜기세덱이 그리스도가 아니라고 한다면 기독교는 스스로 삼위일체를 완전히 부정하는 것이요, 반대로 그리스도가 멜기세덱임을 인정한다면 이는 인간의 환생을 명백히 인정하는 것이다.

이삭의 보좌
(아브라함의 좌편에 앉은 보좌)

이삭의 보좌 (아브라함의 좌편에 앉은 보좌)

이 삭 → 엘리야 → 사무엘 → 다니엘 → 세례 요한 → 예비의 사자

이삭은 유일한 나실인의 보좌다 나실인이란, 태어날 때부터 하나님의 은총을 지니고 태어나 어릴 때부터 분별되어 하나님의 사랑을 온 땅에 증거하고 본과 귀감이 되는 자를 말하며 머리에 삭도를 대지 아니하고 포도주도 마시지 아니하며 서원을 통하여 태어남을 입은, 즉 태어날 때부터 하나님의 은총을 지니고 태어난 자를 말한다 다시 말해 모든 보좌와 모든 사람들을 통틀어 오직 이삭의 보좌만이 나실인의 은총을 가지고 태어난 보좌이기에 이삭의 거듭 태어남과 환생은 성경 속 나실인의 기록만으로도 쉬이 알 수 있다 그러나 사사기에 나오는 삼손이라는 인물은 사실 변개된 성경의 내용이며 결코 나실인이 아니다.

서원하여 가로되 만군의 여호와여 만일 주의 여종의 고통을 돌아보시고 나를 생각하시고 주의 여종을 잊지 아니 하사 아들을 주시면 내가 그의 평생에 그를 여호와께 드리고 삭도를 그 머리에 대지 아니하겠나이다(삼상 1장11)【사무엘 나실인】

저희가 대답하되 그는 털이 많은 사람인데 허리에 가죽 띠를 띠었더이다 왕이 가로되 그는 디셉 사람 엘리야로다..(왕하 1장8~12)【엘리야 나실인】

다니엘은 뜻을 정하여 왕의 진미와 그의 마시는 포도주로 자기를 더럽히지 아니하리라 하고 자기를 더럽히지 않게 하기를 환관장에게 구하니..(단 1장8~16)【다니엘 나실인】

이는 저가 주 앞에 큰 자가 되며 포도주나 소주를 마시지 아니하며 모태로부터 성령의 충만함을 입어 이스라엘 자손을 주 곧 저희 하나님께로 많이 돌아오게 하겠음이니라 저가 또 엘리야의 심령과 능력으로 주 앞에 앞서 가서 아비의 마음을 자식에게, 거스리는 자를 의인의 슬기에 돌아오게 하고 주를 위하여 세운 백성을 예비하리라(눅 1장15~17)【세례 요한 나실인】

▼ 나실인

1. 사무엘　　　　　　　　　　(사무엘상 1장11, 1장22~28, 2장18~28)

2. 엘리야　　　　　　　　　　　　　　　　　(열왕기하 1장8~12)

3. 다니엘　　　　　　　　　　　　　　　　　　(다니엘 1장8~16)

4. 세례 요한　　　　　　　　　　　　　　　(누가복음 1장15~17)

이삭인 사무엘

내가 나를 위하여 충실한 제사장을 일으키리니 그 사람은 내 마음, 내 뜻대로 행할 것이라 내가 그를 위하여 견고한 집을 세우리니 그가 나의 기름 부음을 받은 자 앞에서 영구히 행하리라(삼상 2장35)

온 이스라엘이 사무엘은 여호와의 선지자로 세우심을 입은 줄을 알았더라(삼상 3장20)

하늘의 네 보좌, 그리스도와 아브라함과 이삭과 야곱은 하늘의 제사장이요 땅에서는 선지자다 그래서 그리스도와 모세를 하늘의 제사장이며 선지자라고 말씀하신 것이다 이에 다윗이 하나님의 진설병을 먹고도 죽지 않았던 연고다.

방백이 저희에게 명하여 우림과 둠밈을 가진 제사장이 일어나기 전에는 지성물을 먹지 말라 하였느니라(에 2장63)

방백이 저희에게 명하여 우림과 둠밈을 가진 제사장이 일어나기 전에는 지성물을 먹지 말라 하였느니라(느 7장65)

우림과 둠밈을 지닌 제사장은 오직 그리스도와 아브라함과 이삭과 야곱의 보좌뿐이다 우림과 둠밈의 뜻은 영원한 영광을 지닌 완전한 제사장이라는 뜻이다 그리스도께서 안식일을 놓고 비꼬는 제사장들을 책망하실 때에 진설병을 먹고도 죽지 않았던 하늘의 제사장인 다윗을 들어 "다윗보다 더 높은, 안식일의 주인인 내가 안식일을 지키지 않는다고 해서 죄가 되겠느냐" 라고 하신 것이다 그리스도와 아브라함과 이삭과 야곱은 이땅의 모든 정사를 살피고 성도들의 기도를 받는 하늘의 제사장이기 때문이다.

..예수께서 가라사대 다윗이 자기와 및 함께한 자들이 핍절 되어 시장할 때에 한 일을 읽지 못하였느냐 그가 아비아달 대제사장 때에 하나님의 전에 들어가서 제사장 외에는 먹지 못하는 진설병을 먹고 함께한 자들에게도 주지 아니하였느냐 또 가라사대 안식일은 사람을 위하

여 있는 것이요 사람이 안식일을 위하여 있는 것이 아니니 이러므로 인자는 안식일에도 주인이니라(막 2장23~28) (눅 6장3~5)

그 제사장 중에는 모세와 아론이요 그 이름을 부르는 자 중에는 사무엘이라 저희가 여호와께 간구하매 응답하셨도다(시 99장6)

모세는 아브라함이요 아론은 야곱이며 사무엘은 이삭이니, 이에 아브라함의 하나님 이삭의 하나님 야곱의 하나님이라 하심이라.

이삭인 엘리야

내가 만일 하나님의 사람이면 불이 하늘에서 내려와서 너와 너의 오십인을 사를찌로다 하매 불이 곧 하늘에서 내려와서 저와 그 오십인을 살랐더라(왕하 1장10) (왕하 1장12)

엘리야는 우리와 성정이 같은 사람이로되 저가 비 오지 않기를 간절히 기도한즉 삼년 육 개월 동안 땅에 비가 아니오고 다시 기도한즉 하늘이 비를 주고 땅이 열매를 내었느니라 (약 5장17~18)

저희가 대답하되 그는 털이 많은 사람인데 허리에 가죽 띠를 띠었더이다 왕이 가로되 그는 디셉 사람 엘리야로다..(왕하 1장8~12)【나실인】

이삭의 보좌는 유일하게 태어날 때부터 은총을 지니고 태어나 온 땅에 빛과 소금처럼 본과 귀감이 되는 나실인이다 엘리야가 바로 우림과 둠밈을 지닌 하늘의 제사장인, 이삭의 보좌이기에 하늘로부터 불이 내려와 제단에 불을 붙일 수 있었던 것이다 (왕상 18장20~40)

이삭인 다니엘

..그 때에 내가 눈을 들어 바라본즉 한 사람이 세마포 옷을 입었고 허리에는 우바스 정금 띠를 띠었고 그 몸은 황옥 같고 그 얼굴은 번갯빛 같고 그 눈은 횃불 같고 그 팔과 발은 빛난 놋과 같고 그 말소리는 무리의 소리와 같더라 이 이상은 나 다니엘이 홀로 보았고 나와 함께 한 사람들은 이 이상은 보지 못하였어도 그들이 크게 떨며 도망하여 숨었었느니라 그러므로 나만 홀로 있어서 이 큰 이상을 볼 때에 내 몸에 힘이 빠졌고 나의 아름다운 빛이 변하여 썩은 듯 하였고 나의 힘이 다 없어졌으나 내가 그 말소리를 들었는데 그 말소리를 들을 때에 내가 얼굴을 땅에 대고 깊이 잠들었었느니라 한 손이 있어 나를 어루만지기로 내가 떨더니 그가 내 무릎과 손바닥이 땅에 닿게 일으키고 내게 이르되 은총을 크게 받은 사람 다니엘아 내가 네게 이르는 말을 깨닫고 일어서라 내가 네게 보내심을 받았느니라 그가 내게 이 말을 한 후에 내가 떨며 일어서매 (단 10장 2~11)

위 말씀 구절에 나오는 천사의 형상 즉 황옥과 같은 몸에 번갯빛과 같은 얼굴을 지니신 분은 바로 그리스도시다 말씀에 선지자들이 만난 하나님은 거의 대부분 그리스도시다 아무리 선지자라 할지라도 사람의 몸체로 하나님을 직접 뵙게 되면 육체로 인하여 죽게 됨이니, 이에 이 땅에는 하나님을 대신하여 그리스도가 나타내 보이심이라 그러나 하나님의 은총을 입은 자 외에는 그리스도조차도 볼 수가 없으니, 이 은총은 오직 하늘의 네 보좌만이 받을 수 있는 특별한 은혜라 이 은총을 지닌 하늘의 네 보좌 외에 모든 사람들은 그리스도를 뵙기는커녕 천사만 보아도 죄로 말미암아 죽게 된다 다시 말해 모세가 친구처럼 그리스도와 대화할 수 있었던 것은 모세가 바로 하늘의 네 보좌 중 하나인 아브라함이기 때문이요, 다니엘이 그리스도를 볼 수 있었던 것 또한 다니엘이 하늘의 네 보좌 중 하나인 이삭이기 때문이라.

오늘날 천사를 보았다는 기독교의 황당한 간증들이 많으나 성경 말씀을 자세히보라! 성경 말씀 어디에, 사람의 형상에 짐승의 날개를 달고 있는 천사가 존재하는가! 오늘날의 날개 달린 천사의 형상들은 이단의 종교인 가톨릭(로마교)이 허상으로 만들어 낸 거짓이다 다시 말해 기독교의 모든 간증들은 하나같이 명명백백하게 사단의 역사함이거나 100% 거짓이라는 증거다.

곧 내가 말하여 기도할 때에 이전 이상 중에 본 그 사람 가브리엘이 빨리 날아서 저녁 제사를 드릴 때 즈음에 내게 이르더니 내게 가르치며 내게 말하여 가로되 다니엘아 내가 이제 네게 지혜와 총명을 주려고 나왔나니 곧 네가 기도를 시작할 즈음에 명령이 내렸으므로 이제 네게 고하러 왔느니라 너는 크게 은총을 입은 자라 그런즉 너는 이 일을 생각하고 그 이상을 깨달을찌니라(단 9장21~23)

그 때에 내가 눈을 들어 바라본즉 한 사람이 세마포 옷을 입었고 허리에는 우바스 순금 띠를 띠었더라 또 그의 몸은 황옥 같고 그의 얼굴은 번갯빛 같고 그의 눈은 횃불 같고 그의 팔과 발은 빛난 놋과 같고 그의 말소리는 무리의 소리와 같더라 이 환상을 나 다니엘이 홀로 보았고 나와 함께 한 사람들은 이 환상은 보지 못하였어도 그들이 크게 떨며 도망하여 숨었느니라 그러므로 나만 홀로 있어서 이 큰 환상을 볼 때에 내 몸에 힘이 빠졌고 나의 아름다운 빛이 변하여 썩은 듯하였고 나의 힘이 다 없어졌으나 내가 그의 음성을 들었는데 그의 음성을 들을 때에 내가 얼굴을 땅에 대고 깊이 잠들었느니라 한 손이 있어 나를 어루만지기로 내가 떨었더니 그가 내 무릎과 손바닥이 땅에 닿게 일으키고 내게 이르되 큰 은총을 받은 사람 다니엘아 내가 네게 이르는 말을 깨닫고 일어서라 내가 네게 보내심을 받았느니라 하더라 그가 내게 이 말을 한 후에 내가 떨며 일어서니 그가 내게 이르되 다니엘아 두려워하지 말라 네가 깨달으려 하여 네 하나님 앞에 스스로 겸비하게 하기로 결심하던 첫날부터 네 말이 응답 받았으므로 내가 네 말로 말미암아 왔느니라(단 10장5~12)

그 무리들이 또 모여 왕에게로 나아와서 왕께 말하되 왕이여 메대와 바사의 규례를 아시거니와 왕께서 세우신 금령과 법도는 고치지 못할 것이니이다 하니 이에 왕이 명령하매 다니엘을 끌어다가 사자 굴에 던져 넣는지라 왕이 다니엘에게 이르되 네가 항상 섬기는 너의 하나님이 너를 구원하시리라 하니라 이에 돌을 굴려다가 굴 어귀를 막으매 왕이 그의 도장과 귀족들의 도장으로 봉하였으니 이는 다니엘에 대한 조치를 고치지 못하게 하려 함이었더라.. 이튿날에 왕이 새벽에 일어나 급히 사자 굴로 가서 다니엘이 든 굴에 가까이 이르러서 슬피 소리 질러 다니엘에게 묻되 살아 계시는 하나님의 종 다니엘아 네가 항상 섬기는 네 하나님이 사자들에게서 능히 너를 구원하셨느냐 하니라 다니엘이 왕에게 아뢰되 왕이여 원하건대 왕은 만수무강 하옵소서 나의 하나님이 이미 그의 천사를 보내어 사자들의 입을 봉하셨으므로 사자들이 나를 상해하지 못하였사오니 이는 나의 무죄함이 그 앞에 명백함이오며 또 왕이여 나는 왕에게도 해를 끼치지 아니하였나이다 하니라 왕이 심히 기뻐서 명하여 다니엘을 굴에서 올리라 하매 그들이 다니엘을 굴에서 올린즉 그의 몸이 조금도 상하지 아니하였으니 이는 그가 자기의 하나님을 믿음이었더라 왕이 말하여 다니엘을 참소한 사람들을 끌어오게 하고 그들을 그들의 처자들과 함께 사자 굴에 던져 넣게 하였더니 그들이 굴 바닥에 닿기도 전에 사자들이 곧 그들을 움켜서 그 뼈까지도 부서뜨렸더라 (단 6장15~24)

왕이여 우리가 섬기는 하나님이 계시다면 우리를 맹렬히 타는 풀무불 가운데에서 능히 건져 내시겠고 왕의 손에서도 건져내시리이다 그렇게 하지 아니하실지라도 왕이여 우리가 왕의 신들을 섬기지도 아니하고 왕이 세우신 금 신상에게 절하지도 아니할 줄을 아옵소서 느부갓네살이 분이 가득하여 사드락과 메삭과 아벳느고를 향하여 얼굴빛을 바꾸고 명령하여 이르되 그 풀무 불을 뜨겁게 하기를 평소보다 칠 배나 뜨겁게 하라 하고 군대 중 용사 몇 사람에게 명령하여 사드락과 메삭과 아벳느고를 결박하여 극렬히 타는 풀무불 가운데에 던지라 하니라 그러자 그 사람들을 겉옷과 속옷과 모자와 다른 옷을 입은 채 결박하여 맹렬히 타는 풀무불 가운데에 던졌더라 왕의 명령이 엄하고 풀무불이 심히 뜨거우므로 불꽃이 사드락과 메삭과 아벳느고를 붙든 사람을 태워 죽였고 이 세 사람 사드락과 메삭과 아벳느고는 결박된 채 맹렬히 타는 풀무불 가운데에 떨어졌더라 그 때에 느부갓네살 왕이 놀라 급히 일어나서 모사들에게 물어 이르되 우리가 결박하여 불 가운데에 던진 자는 세 사람이 아니었느냐 하니 그들이 왕에게 대답하여 이르되 왕이여 옳소이다 하더라 왕이 또 말하여 이르되 내가 보니 결박되지 아니한 네 사람이 불 가운데로 다니는데 상하지도 아니하였고 그 넷째의 모양은 신들의 아들과 같도다 하고 느부갓네살이 맹렬히 타는 풀무불 아귀 가까이 가서 불러 이르되 지극히 높으신 하나님의 종 사드락, 메삭, 아벳느고야 나와서 이리로 오라 하매 사드락과 메삭과 아벳느고가 불 가운데에서 나온지라 총독과 지사와 행정관과 왕의 모사들이 모여 이 사람들을 본즉 불이 능히 그들의 몸을 해하지 못하였고 머리털도 그을리지 아니하였고 겉옷 빛도 변하지 아니하였고 불 탄 냄새도 없었더라 느부갓네살이 말하여 이르되 사드락과 메삭과 아벳느고의 하나님을 찬송할지로다 그가 그의 천사를 보내사 자기를 의뢰하고 그들의 몸을 바쳐 왕의 명령을 거역하고 그 하나님 밖에는 다른 신을 섬기지 아니하며 그에게 절하지 아니한 종들을 구원 하셨도다 그러므로 내가 이제 조서를 내리노니 각 백성과 각 나라와 각 언어를 말하는 자가 모두 사드락과 메삭과 아벳느고의 하나님께 경솔히 말하거든 그 몸을 쪼개고 그 집을 거름터로 삼을지니 이는 이같이 사람을 구원할 다른 신이 없음이니라 하더라 왕이 드디어 사드락과 메삭과 아벳느고를 바벨론 지방에서 더욱 높이니라 (단 3장17~30)

위의 말씀 내용과 같은 일들은 다니엘이 보좌가 아니라면 설명이 불가능한 내용들이다 성경 말씀은 네 보좌가 여러 번 거듭 태어나면서 기록한 신의 경전이요 앞서 설명한 바와 같이 오직 네 보좌만이 하나님께서 계신 하늘의 지성소 안에 들어가 하나님께 예언의 말씀을 받아 이 땅에 보내심을 입어, 기록된 예언의 말씀을 이루어 완성하고 또 다음 세대에 일어날 예언의 말씀을 이 땅에 기록한 것이 바로 성경이다 그러므로 성경을 이 땅에 가지고 올 자는 오직 네 보좌뿐이요 이에 다니엘이 그리스도와 대면하였다는 위의 말씀 구절만으로도 다니엘이 결코 예사로운 인물이 아니며, 틀림없이 네 보좌 중 하나임을 입증하고 있는 것이다.

그 때에 나 다니엘이 세 이레 동안을 슬퍼하며 세 이레가 차기까지 좋은 떡을 먹지 아니하며 고기와 포도주를 입에 넣지 아니하며 또 기름을 바르지 아니하니라(단 10장2~3)【나실인】

다니엘은 뜻을 정하여 왕의 진미와 그의 마시는 포도주로 자기를 더럽히지 아니하리라 하고 자기를 더럽히지 않게 하기를 환관장에게 구하니..다니엘이 말하되 청하오니 당신의 종들을 열흘 동안 시험하여 채식을 주어 먹게 하고 물을 주어 마시게 한 후에 당신 앞에서 우리의 얼굴과 왕의 진미를 먹는 소년들의 얼굴을 비교하여 보아서 보이는 대로 종들에게 처분하소서 하매 그가 그들의 말을 좇아 열흘을 시험하더니 열흘 후에 그들의 얼굴이 더욱 아름답고 살이 더욱 윤택하여 왕의 진미를 먹는 모든 소년보다 나아 보인지라 이러므로 감독하는 자가 그들에게 분정된 진미와 마실 포도주를 제하고 채식을 주니라(단 1장8~16)【나실인】

이삭인 세례 요한

요한이 그에 대하여 증거하여 외쳐 가로되 내가 전에 말하기를 내 뒤에 오시는 이가 나보다 앞선 것은 나보다 먼저 계심이니라 한 것이 이 사람을 가리킴이라 하니라(요 1장15)

내가 전에 말하기를 내 뒤에 오는 사람이 있는데 나보다 앞선 것은 그가 나보다 먼저 계심이라 한 것이 이 사람을 가리킴이라(요 1장30)

그러면 너희가 어찌하여 나갔더냐 선지자를 보려더냐 옳다 내가 너희에게 이르노니 선지자보다도 나은 자니라 기록된바 보라 내가 내 사자를 네 앞에 보내노니 저가 네 길을 네 앞에 예비하리라 하신 것이 이 사람에 대한 말씀이니라 내가 진실로 너희에게 말하노니 여자가 낳은 자 중에 세례 요한 보다 큰 이가 일어남이 없도다..만일 너희가 즐겨 받을찐대 오리라 한 엘리야가 곧 이 사람이니라(마 11장9~14)

그리스도께서 위와 같이 세례 요한을 높이심은 세례 요한은 선지자이자 하늘의 대제사장인 네 보좌 중 하나이기 때문이라 세례 요한이 그리스도를 가리켜 나보다 먼저 계신 자라 한 것은 이 땅에서 자신보다 먼저 태어나신 자라는 뜻이 아니요 하늘에서의 일을 뜻함이니, 그리스도께서 이삭의 보좌인 자신보다 먼저 태어난 보좌라는 뜻이다 하나님은 육의 하나님이 아니요 영의 하나님이심이라.

엘리야인 세례 요한

예수께서 대답하여 가라사대 엘리야가 과연 먼저 와서 모든 일을 회복하리라 내가 너희에게 말하노니 엘리야가 이미 왔으되 사람들이 알지 못하고 임의로 대우하였도다 인자도 이와 같이 그들에게 고난을 받으리라 하시니 그제야 제자들이 예수의 말씀하신 것이 세례 요한인 줄을 깨달으니라(마 17장11~13)

그러면 너희가 어찌하여 나갔더냐 선지자를 보려더냐 옳다 내가 너희에게 이르노니 선지자보다도 나은 자니라 기록된바 보라 내가 내 사자를 네 앞에 보내노니 저가 네 길을 네 앞에 예비하리라 하신 것이 이 사람에 대한 말씀이니라 내가 진실로 너희에게 말하노니 여자가 낳은 자 중에 세례 요한보다 큰이가 일어남이 없도다 그러나 천국에서는 극히 작은 자라도 저보다 크니라 세례 요한의 때부터 지금까지 천국은 침노를 당하나니 침노하는 자는 빼앗느니라 모든 선지자와 및 율법의 예언한 것이 요한까지니 만일 너희가 즐겨 받을찐대 오리라 한 엘리야가 곧 이 사람이니라(마 11장9~14)

외치는 자의 소리여 가로되 너희는 광야에서 여호와의 길을 예비하라 사막에서 우리 하나님의 대로를 평탄케 하라(사 40장3)

'엘리야가 이미 왔으되 사람들이 알지 못하고 임의로 대우하였도다 인자도 이와 같이 그들에게 고난을 받으리라 하시니'(마 17장12) 이 말씀처럼 하나님의 모든 목자와 선지자들은 세상의 환영을 받기는커녕 하나같이 핍박과 죽임을 당해 왔다 이는 세상과 더불어 물질과 겸하여 하나님을 섬기려는 변질과 이단과 거짓들이 자신들의 주장과 변명과 해석을 절대화하고 신격화하여 말씀 위에 군림한 연고다 한낱 인간의 세상 교훈을 끌어 들이고 인간 중심의 인본주의적 교육과 사고와 사상을 좇아 육신의 믿음을 합리화하기에 말씀 중심이 아닌 자신이 절대화가 되어 버린 연고로, 하나님을 믿는다고 하는 자들이 오히려 하나님의 선지자들과 그리스도를 창세에서부터 핍박하고 죽여 왔다 창세에서부터 시작해 오늘날까지도 하나님을 믿는다고 하는 자들이 가장 큰 대적자였고 원수였음을 모든 기독교인들은 상기하길 바란다 자신의 자긍을 마치 믿음인 양 여기며 자신의 주장을 말씀인 양하여 십자가의 사랑을 멸시한 채, 평생을 말로만 가르치고 평생을 듣기만 하는 믿음이 아닌지 또한 빛과 소금처럼 본과 귀감이 되기는커녕 성경 말씀 자체를 멸시하고 무시한 채 자신의 주장을 절대화한 교만의 극치가 아닌지 이제는 냉철하게 따져봐야 할 때라 성경 말씀 본연의 뜻이 아니라, 말씀에 자신의 주장을 더하여 자신의 해석을 합리화하고 말씀을 빠뜨려 자신의 주장을 세우는 자들을 위하여 맹렬한 불의 심판이 기다리고 있도다(본 저자의 저서 참조: 심판) 이들은 자신들의 믿음이 그리스도의 십자가의 사랑은 부인한 채 평생을 그저 말로만 가르치고 듣기만 하는 거짓된 믿음이라는 것과 세상과 더불어 물질과 겸하여 하나님을 섬기는 변질과 거짓과 이단의 믿음이라는 것이 들통날까 하여 하나님의 목자를 핍박하고 죽이고자 하는 것이다 가난하고 불쌍한 양들을 먹이고 베풀고 나누어주어 서로 위하고 아끼고 섬기는 아름다운 사랑을 전파해야 할 목자들이, 양들에게 나누어주어야 할 십일조와 헌물을 도둑질하기 위해 로마교가 만든 종교 의식의 예배를 그대로 이어받아 평생을 말로만 가르치며 십일조와 헌물을 도둑질하고 있는 것이요 또한 자신들의 이러한 변질과 이단과 거짓이 하나님의 참된 목자와 선지자들에 의해 낱낱이 드러나므로 하나님의 목자를 받아들이지 못하고 핍박하고 죽인 것이다 하나님의 목자는 성경 말씀을 이루기 위하여 하나님께로부터 말씀을 받아 이 땅에 내려와 이전에 기록된 예언의 말씀을 이루고, 다음 세대에 이루어야 할 예언의 말씀을 이 땅에 기록하는 자다 이에 하나님의 모든 선지자와 목자는 반드시 기록된 예언의 말씀으로 온 자들이다 이는 다시말해 하나님께서 보내셨다는 말씀의 증거는 없고 그저 인본주의적인 학문을 바탕으로 하는 인간 중심의 신학과 학문을 통해 머리와 지능으로 가르치는 오늘날 기독교의 모든 목사들은 100% 거짓 목자들이라는 것이다.

머리는 곧 장로와 존귀한 자요 꼬리는 곧 거짓말을 가르치는 선지자라 백성을 인도하는 자가 그들로 미혹케 하니 인도를 받는 자가 멸망을 당하는 도다 이 백성이 각기 설만하며 악을 행하며 입으로 망령되이 말하니 그러므로 주께서 그 장정을 기뻐 아니하시며 그 고아와 과부를 긍휼히 여기지 아니하시리라 그럴지라도 여호와의 노가 쉬지 아니하며 그 손이 여전히 펴지리라(사 9장15~17)

이 선지자들은 내가 보내지 아니하였어도 달음질하며 내가 그들에게 이르지 아니하였어도 예언하였은 즉 그들이 만일 나의 회의에 참예 하였더면 내 백성에게 내 말을 들려서 그들로 악한 길과 악한 행위에서 돌이키게 하였으리라(렘 23장21~22)

여호와께서 말씀하시되 내가 그들을 보내지 아니하였거늘 그들이 내 이름으로 거짓을 예언하니 내가 너희를 몰아내며 너희와 너희에게 예언하는 선지자들을 멸망시키기에 이르리라 하셨나이다 내가 또 제사장들과 그 모든 백성에게 고하여 가로되 여호와께서 이같이 말씀하시되 여호와의 집 기구를 이제 바벨론에서 속히 돌려 오리라고 너희에게 예언하는 선지자들의 말을 듣지 말라 이는 그들이 거짓을 예언함이니라 하셨나니(렘 27장15~16)

만군의 여호와 이스라엘의 하나님이 이같이 말하노라 너희 중 선지자들에게와 복술에게 혹하지 말며 너희가 꾼바 꿈도 신청하지 말라 내가 그들을 보내지 아니하였어도 그들이 내 이름으로 거짓을 예언함이니라 여호와의 말이니라(렘 29장8~9)

..나 여호와가 말하노라 그러므로 보라 서로 내 말을 도적질하는 선지자들을 내가 치리라 나 여호와가 말하노라 보라 그들이 혀를 놀려 그가 말씀하셨다 하는 선지자들을 내가 치리라..(렘 23장25~32)

세상 사람들이 인정하기만 하면 하나님의 진리인가! 성도가 많으면 무조건 하나님께서 보내신 목자란 말인가! 성경 말씀이 증거 되지 않는 모든 이상과 간증과 직분과 능력은 명백히 거짓이요 이단이요 마귀요 사단일 뿐이다 자신의 주장을 절대화한 자가 이 말씀에 어찌 순종할 수 있겠는가! 신격화된 자신들의 주장 속에 숨겨진 자신의 정욕과 욕심을 감추기 위한 변명이 이들의 믿음이요 말씀이다 이 지구상에 가장 큰 이단은 인간의 학문을 바탕으로 하여 자신의 입맛대로 풀이한 자신의 해석이요 세상과 더불어 물질과 겸하여 하나님을 섬기려는 변질과 거짓과 이단을 좇는 자신의 주장이다.

예비의 사자인 엘리야

보라 여호와의 크고 두려운 날이 이르기 전에 내가 선지 엘리야를 너희에게 보내리니 그가 아비의 마음을 자녀에게로 돌이키게 하고 자녀들의 마음을 그들의 아비에게로 돌이키게 하리라 돌이키지 아니하면 두렵건대 내가 와서 저주로 그 땅을 칠까 하노라 하시니라 (말 4장5~6)

이는 저가 주 앞에 큰 자가 되며 포도주나 소주를 마시지 아니하며 모태로부터 성령의 충만함을 입어 이스라엘 자손을 주 곧 저희 하나님께로 많이 돌아오게 하겠음이니라 저가 또 엘리야의 심령과 능력으로 주 앞에 앞서 가서 아비의 마음을 자식에게, 거스리는 자를 의인의 슬기에 돌아오게 하고 주를 위하여 세운 백성을 예비하리라(눅 1장15~17)【나실인】

과거에 선지 엘리야가 세례 요한으로 온 것처럼, 심판의 날이 이르기 전에 세상에 선지 엘리야를 보내어 온 땅에 빛과 소금처럼 본과 귀감이 되는 증거를 보여 많은 이들을 돌이키게 하시겠다는 말씀이다.

야곱의 보좌
(그리스도의 우편에 앉은 보좌)

야곱의 보좌 (그리스도의 우편에 앉은 보좌)

야 곱 → 아 론 → 다 윗 → 엘리야김 → 호세아 → 베드로 → 두 증인

다윗이자 아론인 야곱

아론의 집이여 여호와를 의지하라 그는 너희 도움이시요 너희 방패시로다 여호와를 경외하는 너희는 여호와를 의지하라 그는 너희 도움이시오 너희 방패시로다 여호와께서 우리를 생각하사 복을 주시되 이스라엘 집에도 복을 주시고 아론의 집에도 복을 주시며 대소 무론하고 여호와를 경외하는 자에게 복을 주시리로다(시 115장10~13)

이제 아론의 집은 말하기를 그 인자하심이 영원하다 할찌로다(시 118장3)

이 존귀는 아무나 스스로 취하지 못하고 오직 아론과 같이 하나님의 부르심을 입은 자라야 할 것이니라(히 5장4)

여호와는 맹세하고 변치 아니하시리라 이르시기를 너는 멜기세덱의 반차를 좇아 영원한 제사장이라 하셨도다(시 110장4)

여호와께서 모세에게 이르시되 볼찌어다 내가 너로 바로에게 신이 되게 하였은즉 네 형 아론은 네 대언자가 되리니(출 7장1)

다윗이 쓴 시편에서는 천국을 아론의 집, 야곱의 집, 야곱의 장막이라고 말한다 이는 다윗이 자신이 아론임을 알고 있었기에 이 글을 써 놓은 것이다 다시 말해서 천국을 야곱의 집이라 칭하시면 네 보좌 중 가장 낮은 야곱의 보좌부터 그 위의 보좌들이 다 포함이 되기에 가장 낮은 보좌인 야곱을 들어 천국을 야곱의 집, 야곱의 장막이라 함이요 야곱

과 아론과 다윗은 동일 인물이기에 천국을 야곱의 집으로, 아론의 집으로, 다윗의 장막으로 기록한 것이다 이는 아론인 다윗이 자신의 거듭 태어남의 환생을 증거한 것이다.

저가 큰 자가 되고 지극히 높으신 이의 아들이라 일컬을 것이요 주 하나님께서 그 조상 다윗의 위를 저에게 주시리니 영원히 야곱의 집에 왕노릇 하실 것이며 그 나라가 무궁하리라(눅 1장32~33)

유다는 궤사를 행하였고 이스라엘과 예루살렘 중에서는 가증한 일을 행하였으며 유다는 여호와의 사랑하시는 그 성결을 욕되게 하여 이방 신의 딸과 결혼하였으니 이 일을 행하는 사람에게 속한 자는 깨는 자나 응답하는 자는 물론이요 만군의 여호와께 제사를 드리는 자도 여호와께서 야곱의 장막 가운데서 끊어 버리시리라(말 2장11~12)

하나님의 말씀을 듣는 자, 전능자의 이상을 보는 자, 엎드려서 눈을 뜬 자가 말하기를 야곱이여 네 장막이, 이스라엘이여 네 거처가 어찌 그리 아름다운고 그 벌어짐이 골짜기 같고 강가의 동산 같으며 여호와의 심으신 침향목들 같고 물가의 백향목들 같도다(민 24장4~6)

믿음으로 아브라함은 부르심을 받았을 때에 순종하여 장래 기업으로 받을 땅에 나갈쌔 갈 바를 알지 못하고 나갔으며 믿음으로 저가 외방에 있는 것 같이 약속하신 땅에 우거하여 동일한 약속을 유업으로 함께 받은 이삭과 야곱으로 더불어 장막에 거하였으니 이는 하나님의 경영하시고 지으실 터가 있는 성을 바랐음이니라(히 11장8~10)

야곱인 다윗

여호와께서 그 조화의 시작 곧 태초에 일하시기 전에 나를 가지셨으며 만세 전부터, 상고부터, 땅이 생기기 전부터 내가 세움을 입었나니 아직 바다가 생기지 아니하였고 큰 샘들이 있기 전에 내가 이미 났으며 산이 세우심을 입기 전에, 언덕이 생기기 전에 내가 이미 났으니 하나님이 아직 땅도, 들도, 세상 진토의 근원도 짓지 아니 하셨을 때에라 그가 하늘을 지으시며 궁창으로 해면에 두르실 때에 내가 거기 있었고 그가 위로 구름 하늘을 견고하게 하시며 바다의 샘들을 힘 있게 하시며 바다의 한계를 정하여 물로 명령을 거스리지 못하게 하시며 또 땅의 기초를 정하실 때에 내가 그 곁에 있어서 창조자가 되어 날마다 그 기뻐하신바가 되었으며 항상 그 앞에서 즐거워하였으며 사람이 거처할 땅에서 즐거워하며 인자들을 기뻐 하였었느니라 아들들아 이제 내게 들으라 내 도를 지키는 자가 복이 있느니라 훈계를 들어서 지혜를 얻으라 그것을 버리지 말라 누구든지 내게 들으며 날마다 내 문 곁에서 기다리며 문설주 옆에서 기다리는 자는 복이 있나니 대저 나를 얻는 자는 생명을 얻고 여호와께 은총을 얻을 것임이니라 그러나 나를 잃는 자는 자기의 영혼을 해하는 자라 무릇 나를 미워하는 자는 사망을 사랑하느니라 (잠 8장22~36)

잠언은 솔로몬이 아버지 다윗의 글을 대필한 것이다 즉 솔로몬에 의해 기록되었을 뿐, 다윗의 글이다 위 말씀은 다윗이 하나님께서 세상을 만드실 때에 자신이 앞서 세움을 받아 그 곁에서 창조자가 되었었다는 뜻이다 지금까지 두리뭉실한 이론으로 그저 막연하게 하나님께서 홀로 천지를 창조하신 것으로 배우고 들어온 모든 사람들에게는 이 말씀의 내용이 큰 충격일 것이라 그러나 분명한 것은 인간사와 세상사의 상식으로도 왕이 직접 자신의 궁궐을 짓는 예는 찾아 볼 수가 없지 않은가! 더구나 전지전능하신 하나님께서 많은 수하와 자녀와 백성들을 두고 홀로 만물을 창조하셨다는 기독교의 가르침은 사실 사람들의 망상과 상상이 만들어 낸 옛날 얘기와 같은 허구와 거짓이 예로부터 오랜 세월 동안 이어져 온 것일 뿐, 성경이 말하는 창조의 비밀은 오늘날 기독교가 가르치는 것과는 전혀 다르다 그래서 말씀에 입각하지 않는 기독교의 교리는 거짓이요 이단이라는 것이다.

내 이름으로 불려지는 모든 자 곧 내가 내 영광을 위하여 창조한 자를 오게 하라 그를 내가 지었고 그를 내가 만들었느니라 (사 43장7)

하나님께서는 이 세상을 창조하시기 전에 창조자들을 먼저 만드시고 그들을 통하여 창조를 하셨다 이 창조자들 중 하나가 바로 야곱인 다윗이다 앞서 말한 것처럼 하늘에는 네 보좌가 있는데 그리스도 밑에 아브라함이 있고 아브라함 밑에 이삭이 있으며 이삭 밑에 야곱이 있다 그래서 가장 낮은 보좌인 다윗(야곱)이 자신보다 높은 보좌들을 가리켜 인자들이라고 한 것이요 이에 천국을 다윗의 위 혹은 야곱의 집이라고 한 것이다 이처럼 아브라함과 이삭과 야곱은 그리스도와 더불어 하늘의 보좌이기에 하나님께서 아브라함의 하나님, 이삭의 하나님, 야곱의 하나님 여호와를 하나님의 영원한 이름이요 대대로 기억할 하나님의 표호로 삼으신 것이라.

저가 큰 자가 되고 지극히 높으신 이의 아들이라 일컬을 것이요 주 하나님께서 그 조상 다윗의 위를 저에게 주시리니 영원히 야곱의 집에 왕노릇 하실 것이며 그 나라가 무궁하리라 (눅 1장32~33)

하나님이 또 모세에게 이르시되 너는 이스라엘 자손에게 이같이 이르기를 나를 너희에게 보내신 이는 너희 조상의 하나님 곧 아브라함의 하나님, 이삭의 하나님, 야곱의 하나님 여호와라 하라 이는 나의 영원한 이름이요 대대로 기억할 나의 표호니라(출 3장15)

또 너희에게 이르노니 동서로부터 많은 사람이 이르러 아브라함과 이삭과 야곱과 함께 천국에 앉으려니와 나라의 본 자손들은 바깥 어두운데 쫓겨나 거기서 울며 이를 갊이 있으리라 (마 8장11~12)

그는 그 언약 곧 천대에 명하신 말씀을 영원히 기억하셨으니 이것은 아브라함에게 하신 언약이며 이삭에게 하신 맹세며 야곱에게 세우신 율례 곧 이스라엘에게 하신 영영한 언약이라 (시 105장8~10)

주께서 내 내장을 지으시며 나의 모태에서 나를 만드셨나이다 내가 주께 감사하옴은 나를 지으심이 심히 기묘하심이라 주께서 하시는 일이 기이함을 내 영혼이 잘 아나이다 내가 은밀한 데서 지음을 받고 땅의 깊은 곳에서 기이하게 지음을 받은 때에 나의 형체가 주의 앞에 숨겨지지 못 하였나이다 내 형질이 이루어지기 전에 주의 눈이 보셨으며 나를 위하여 정한 날이 하루도 되기 전에 주의 책에 다 기록이 되었나이다(시 139장13~16)

시편은 다윗의 글이다 그런데 다윗은 대부분 자신에 관한 내용보다 야곱에 관한 내용들을 기록하였다 그 이유는 다윗이 성령을 받고 난 후, 자신이 과거에 야곱이었음을 깨달았기에 야곱에 관한 글들을 기록한 것이다 성령을 받으면 자신이 과거에 누구였음을 깨닫게 되며 자신이 했던 기도를 스스로 하게 된다 그래서 모세가 아브라함이었음을(시 105장42) 이사야가 아브라함이었음을(사 49장5~10) 스스로 알게 된 것이요 또한 두로 왕이 과거 자신이 보좌였음을(사 23장15~16) (겔 28장12~19) (사 19장20) 베드로가 자신이 다윗임을 알게 된 것이다(행 1장16) (행 2장25~36) (행 15장7)

저를 하나님보다 조금 못하게 하시고 영화와 존귀로 관을 씌우셨나이다 주의 손으로 만드신 것을 다스리게 하시고 만물을 그 발아래 두셨으니(시 8장5~6)

여호와께서 내 주에게 말씀하시기를 내가 네 원수로 네 발등상 되게 하기까지 너는 내 우편에 앉으라 하셨도다(시 110장1)

또 너희에게 이르노니 동서로부터 많은 사람이 이르러 아브라함과 이삭과 야곱과 함께 천국에 앉으려니와..(마 8장11~12)

무릇 내 이름으로 일컫는 자 곧 내가 내 영광을 위하여 창조한 자를 오게 하라 그들을 내가 지었고 만들었느니라(사 43장7)

주 하나님께서 그 조상 다윗의 위를 저에게 주시리니 영원히 야곱의 집에 왕노릇 하실 것이며 그 나라가 무궁하리라(눅 1장32~33)

필자가 이렇게 모든 보좌의 거듭 태어남의 비밀을 밝히는 것은 이 글을 보고 있는 모든 자들에게 해당되는 심판의 날의 구원의 비밀이 이 모세의 가시나무떨기에 기록되어 있기 때문이다 이 비밀은 거듭 태어난 하나님의 모든 백성(이스라엘)들의 근본을 찾아 자신의 뿌리를 찾는, 심판의 날에 구원으로 인도할 유일한 구원의 열쇠라 다시 말해 하나님께서 창세기에 기록하신 자신의 뿌리와 이름을 찾아 하나님 나라의 이스라엘 백성임을 증거하는, 창세에서부터 감추어진 하나님의 비밀이요 인간들이 심판의 날의 재앙을 피할 수 있는 유일한 구원의 길이다 이스라엘의 이름을 지니지 못한 소경들이여! 천국의 문은 이스라엘의 열두 지파만 들어갈 수 있는 문밖에는 없나니 믿음과 구원을 자긍하는 교만의 극치여! 너희는 뿌리 없는 생명이요 열매 없는 가지로다 주인이 뿌리가 없는 나무와 열매를 맺지 못한 나무를 불구덩이에 던져 태울까 하노니 설마 하는 너희여! 너희는 오직 자신의 기쁨과 편리함을 좇아 십자가의 고난과 수고를 부인하고 하나님의 사랑을 멸시하고 부인한 채, 오직 자신의 축복과 만족과 성공만을 위한 육신의 욕심만을 좇나니 이에 양심을 삼켜 눈이 있어도 보지 못하고 귀가 있어도 듣지 못하는 자들이 가르치고 배우는도다 머리와 지능을 좇아 난 자신의 주장을 믿음인 양 말씀인 양하는 자신들의 교만의 극치가 말씀을 멸시하고 자신을 높여 말씀 위에 군림하나니 이들에게 말씀이 어찌 자신을 비춰 보는 거울이 되리요! 자신을 높이고자 하는 도구에 불과한 말씀이니 하나같이 말씀은 상대를 비방하기 위한 도구요 자신의 주장을 높이는 명분이요 자신의 해석과 풀이를 합리화하기 위한 이용물이라 말씀을 독으로 악용하는 이들의 믿음과 구원과 감동과 영적인 가치는 록펠러, 빌게이츠, 나폴레옹, 칸트, 아인슈타인, 링컨, 플라톤과 같이 세상에서 성공한 자들의 일대기요 이들은 세상과 더불어 물질과 겸하여 하나님을 섬기는 육신의 믿음들이기에 하나님과 그리스도는 그저 자신의 이상과 성공과 축복을 위한 도구요 이용물일 뿐, 세상에 속한 자신들의 정욕과 욕심을 채우기 위한 하나님이요 육에 속한 자신들의 만사형통과 축복만을 위한 그리스도라.

베드로이자 엘리아김인 다윗

그 날에 내가 힐기야의 아들 내 종 엘리아김을 불러 네 옷을 그에게 입히며 네 띠를 그에게 띠워 힘 있게 하고 네 정권을 그의 손에 맡기리니 그가 예루살렘 거민과 유다 집의 아비가 될 것이며 내가 또 다윗 집의 열쇠를 그의 어깨에 두리니 그가 열면 닫을 자가 없겠고 닫으면 열 자가 없으리라 못이 단단한 곳에 박힘 같이 그를 견고케 하리니 그가 그 아비 집에 영광의 보좌가 될 것이요(사 22장20~23)

다윗 집의 열쇠는 천국으로 들어가는 천국 문의 열쇠다 엘리아김에게 다윗 집의 열쇠 즉 천국 열쇠를 주신다는 것은 하나님께서 엘리아김에게 하나님의 권세, 천국의 권세를 주신다는 말씀이요 다시 말해 엘리아김으로 거듭 태어난 다윗이기에 다윗 집의 열쇠, 즉 천국 열쇠를 주시겠다 하심이라 마찬가지로 과거 그리스도께서 베드로에게 천국 열쇠를 주시겠다고 약속하셨던 것 또한 베드로가 바로 다윗이기 때문이요 이에 베드로가 성령을 받자마자 제일 먼저 자신을 가리켜 다윗이라고 말한 것이다 또한 자신이 다윗에 대하여 담대히 말할 수 있다 함은 성령을 받자마자 자신이 다윗임을 알게 된 연고로 그리 담대히 말했던 것이다.

내가 천국 열쇠를 네게 주리니 네가 땅에서 무엇이든지 매면 하늘에서도 매일 것이요 네가 땅에서 무엇이든지 풀면 하늘에서도 풀리리라 하시고(마 16장19)

다윗이 저를 가리켜 가로되 내가 항상 내 앞에 계신 주를 뵈웠음이여 나로 요동치 않게 하기 위하여 그가 내 우편에 계시도다 이러므로 내 마음이 기뻐하였고 내 입술도 즐거워하였으며 육체는 희망에 거하리니 이는 내 영혼을 음부에 버리지 아니하시며 주의 거룩한 자로 썩음을 당치 않게 하실 것임이로다 주께서 생명의 길로 내게 보이셨으니 주의 앞에서 나로 기쁨이 충만하게 하시리로다 하였으니 형제들아 내가 조상 다윗에 대하여 담대히 말할 수 있노니 다윗이 죽어 장사되어 그 묘가 오늘까지 우리 중에 있도다 그는 선지자라 하나님이 이미 맹세하사 그 자손 중에서 한 사람을 그 위에 앉게 하리라 하심을 알고 미리 보는 고로 그리스도의 부활하심을 말하되 저가 음부에 버림이 되지 않고 육신이 썩음을 당하지 아니하시리라 하더니 이 예수를 하나님이 살리신지라 우리가 다 이 일에 증인이로다 하나님이 오른손으로 예수를 높이시매 그가 약속하신 성령을 아버지께 받아서 너희 보고 듣는 이것을 부어 주셨느니라 다윗은 하늘에 올라가지 못하였으나 친히 말하여 가로되 주께서 내 주에게 말씀하시기를 내가 네 원수로 네 발등상 되게 하기까지 너는 내 우편에 앉았으라 하셨도다(행 2장25~35)

아래의 내용은 그리스도께서 이 땅에 오셨을 당시 모세와 엘리야가 하늘의 몸체로 내려와서 그리스도와 더불어 말씀하시는 것을 베드로가 보았다는 내용이다 필자가 앞서 이삭의 보좌를 설명할 때 언급했던 내용을 기억해보라! 하늘의 네 보좌 외에 모든 인간들은, 하나님은 물론이요 그리스도의 모습도 천사의 모습도 볼 수 없다고 말한 바 있다 네 보좌 외의 모든 인간들은 볼 수 없을뿐더러, 보게 되면 죄로 말미암아 육신이 죽어버리기 때문이다 다시 말해서 하늘의 몸체로 내려온 모세와 엘리야를 베드로가 목격하였으나 죽지 않았다는 것은 베드로가 네 보좌 중 하나임을 명백히 증거하는 것이요 이는 베드로가 네 보좌 중 하나인 야곱의 보좌이기 때문이라.

엿새 후에 예수께서 베드로와 야고보와 그 형제 요한을 데리시고 따로 높은 산에 올라가셨더니 저희 앞에서 변형되사 그 얼굴이 해 같이 빛나며 옷이 빛과 같이 희어졌더라 때에 모세와 엘리야가 예수로 더불어 말씀하는 것이 저희에게 보이거늘 베드로가 예수께 여짜와 가로되주여 우리가 여기 있는 것이 좋사오니 주께서 만일 원하시면 내가 여기서 초막 셋을 짓되 하나는 주를 위하여, 하나는 모세를 위하여, 하나는 엘리야를 위하여 하리이다(마 17장1~4)

야곱인 호세아 (두 증인)

저희가 그 증거를 마칠 때에 무저갱으로부터 올라오는 짐승이 저희로 더불어 전쟁을 일으켜 저희를 이기고 저희를 죽일터인즉 저희 시체가 큰 성길에 있으리니 그 성은 영적으로 하면 소돔이라고도 하고 애굽이라고도 하니 곧 저희 주께서 십자가에 못 박히신 곳이니라 백성들과 족속과 방언과 나라 중에서 사람들이 그 시체를 사흘 반 동안을 목도하며 무덤에 장사하지 못하게 하리로다 이 두 선지자가 땅에 거하는 자들을 괴롭게 한 고로 땅에 거하는 자들이 저희의 죽음을 즐거워하고 기뻐하여 서로 예물을 보내리라 하더라 삼일 반 후에 하나님께로부터 생기가 저희 속에 들어가매 저희가 발로 일어서니 구경하는 자들이 크게 두려워하더라 하늘로부터 큰 음성이 있어 이리로 올라오라 함을 저희가 듣고 구름을 타고 하늘로 올라가니 저희 원수들도 구경하더라 그 시에 큰 지진이 나서 성 십분의 일이 무너지고 지진에 죽은 사람이 칠천이라 그 남은 자들이 두려워하여 영광을 하늘의 하나님께 돌리더라(계 11장7~13)

오라 우리가 여호와께로 돌아가자 여호와께서 우리를 찢으셨으나 도로 낫게 하실 것이요 우리를 치셨으나 싸매어 주실 것임이라 여호와께서 이틀 후에 우리를 살리시며 제 삼일에 우리를 일으키시리니 우리가 그 앞에서 살리라 그러므로 우리가 여호와를 알자 힘써 여호와를 알자 그의 나오심은 새벽 빛 같이 일정하니 비와 같이, 땅을 적시는 늦은 비와 같이 우리에게 임하시리라 하리라(호 6장1~3)

위 말씀은 호세아가 심판의 날에 자신이 두 증인으로 와서 죽임을 당한 후, 다시 부활할 것을 예언하고 있다 다시 말해 호세아는 심판의 날에 알곡들을 구원으로 인도할 두 증인 중 한사람이다.

야곱은 태에서 그 형의 발뒤꿈치를 잡았고 또 장년에 하나님과 힘을 겨루되 천사와 힘을 겨루어 이기고 울며 그에게 간구하였으며 하나님은 벧엘에서 저를 만나셨고 거기서 우리에게 말씀하셨나니 저는 만군의 하나님 여호와시라 여호와는 그의 기념 칭호니라(호 12장3~5)

야곱은 홀로 남았더니 어떤 사람이 날이 새도록 야곱과 씨름하다가 그 사람이 자기가 야곱을 이기지 못함을 보고 야곱의 환도뼈를 치매 야곱의 환도뼈가 그 사람과 씨름할 때에 위골되었더라 그 사람이 가로되 날이 새려하니 나로 가게 하라 야곱이 가로되 당신이 내게 축복하지 아니하면 가게 하지 아니하겠나이다 그 사람이 그에게 이르되 네 이름이 무엇이냐 그가 가로되 야곱이니이다 그 사람이 가로되 네 이름을 다시는 야곱이라 부를 것이 아니요 이스라엘이라 부를 것이니 이는 네가 하나님과 사람으로 더불어 겨루어 이기었음이니라 (창 32장24~28)

호세아는 두 증인 중에 하나인 야곱이라 이에 성령을 받은 호세아가 과거 자신이 야곱으로 태어났을 때 천사와 겨루어 이겼던 일을 말하고 있는 것이요 이는 자신이 야곱임을 입증하고 있는 내용이다 다시 말해 호세아는 두 증인 중 하나요 그리스도의 우편에 있는 야곱이며, 두 증인 중 나머지 하나는 그리스도의 좌편에 있는 아브라함이니, 이에 모세(아브라함)와 아론(야곱)이요 주발 우편과 좌편에 있는 두 감람나무요 두 촛대라.

두 증인 중 하나인 야곱

하나님의 우편에는 그리스도와 야곱이 있고, 그 좌편에는 아브라함과 이삭이 있다 그런데 아래의 구절을 보면 두 증인은 하나님의 좌편과 우편에 앉은 자라 하였으며 하나님의 좌편에 앉은 두 증인 중 하나는 아브라함이니, 하나님의 우편에 앉은 두 증인 중 하나는 그리스도와 야곱 중에 누구겠느뇨! 그리스도께서는 후일에 하늘 구름 즉 하나님의 성산과 함께 하나님의 우편에 앉아 오신다고 하셨으니 이는 알곡과 가라지가 갈리고 난 후 오시는 것이요 그러므로 심판을 예비하고 이루기 위해 올, 두 증인 중 하나는 바로 하나님의 우편에 앉은 보좌, 야곱(다윗)이 아니겠느뇨! 그러므로 두 증인은 바로 아브라함과 야곱이요 곧 모세와 아론이라.

내가 나의 두 증인에게 권세를 주리니 저희가 굵은 베옷을 입고 일천 이백 육십 일을 예언하리라 이는 이 땅의 주 앞에 섰는 두 감람나무와 두 촛대니(계 11장3~4)

그 등대 곁에 두 감람나무가 있는데 하나는 그 주발 우편에 있고 하나는 그 좌편에 있나이다 하고 내게 말하는 천사에게 물어 가로되 내 주여 이것들이 무엇이니이까 내게 말하는 천사가 대답하여 가로되 네가 이것들이 무엇인지 알지 못하느냐 내가 대답하되 내 주여 내가 알지 못하나이다.. 내가 그에게 물어 가로되 등대 좌우의 두 감람나무는 무슨 뜻이니이까 하고 다시 그에게 물어 가로되 금 기름을 흘려내는 두 금관 옆에 있는 이 감람나무 두 가지는 무슨 뜻이니이까 그가 내게 대답하여 가로되 네가 이것이 무엇인지 알지 못하느냐 대답하되 내 주여 알지 못 하나이다 가로되 이는 기름 발리운 자 둘이니 온 세상의 주 앞에 모셔 섰는 자니라 하더라(슥 4장3~14)

또 너희에게 이르노니 동서로부터 많은 사람이 이르러 아브라함과 이삭과 야곱과 함께 천국에 앉으려니와(마 8장11)

여호와께서 내 주에게 말씀하시기를 내가 네 원수로 네 발등상 되게 하기까지 너는 내 우편에 앉으라 하셨도다(시 110장1)

가라사대 그러면 다윗이 성령에 감동하여 어찌 그리스도를 주라 칭하여 말하되 하나님께서 내 주께 이르시되 내가 네 원수를 네 발 아래 둘 때까지 내 우편에 앉았으라 하셨도다 하였느냐 다윗이 그리스도를 주라 칭하였은즉 어찌 그의 자손이 되겠느냐 하시니 한 말도 능히 대답하는 자가 없고 그 날부터 감히 그에게 묻는 자도 없더라(마 22장43~46)

그리스도께서는 하늘 구름을 타고 하나님의 우편에 앉아 천사들과 함께 오신다고 말씀하고 계신다 이는 인간으로 거듭 태어나 오실 것이라는 가톨릭과 기독교의 가르침과 설교와는 전혀 상반되는 말씀이다 그래서 그리스도가 여기 있다 저기 있다 하는 말들을 믿지 말라고 한 것이다 나는 그리스도께서 하나님과 더불어 하늘로부터 예루살렘을 타고 오시는 날을 위하여 예비하러 온 예비의 사자라.

예수께서 가라사대 네가 말하였느니라 그러나 내가 너희에게 이르노니 이 후에 인자가 권능의 우편에 앉은 것과 하늘 구름을 타고 오는 것을 너희가 보리라 하시니(마 26장64)

인자가 자기 영광으로 모든 천사와 함께 올때에 자기 영광의 보좌에 앉으리니 모든 민족을 그 앞에 모으고 각각 분별하기를 목자가 양과 염소를 분별하는것 같이 하여 양은 그 오른편에, 염소는 왼편에 두리라(마 25장31~33)

인자가 아버지의 영광으로 그 천사들과 함께 오리니 그 때에 각 사람이 행한 대로 갚으리라 진실로 너희에게 이르노니 여기 서 있는 사람 중에 죽기 전에 인자가 그 왕권을 가지고 오는 것을 볼 자들도 있느니라(마 16장27~28)

그 때에 사람이 너희에게 말하되 보라 그리스도가 여기 있다 혹 저기 있다 하여도 믿지 말라 거짓 그리스도들과 거짓 선지자들이 일어나 큰 표적과 기사를 보이어 할 수만 있으면 택하신 자들도 미혹하게 하리라(마 24장23~24)

천국 열쇠

▶ 네 보좌의 천국

또 너희에게 이르노니 동서로부터 많은 사람이 이르러 아브라함과 이삭과 야곱과 함께 천국에 앉으려니와 나라의 본 자손들은 바깥 어두운데 쫓겨나 거기서 울며 이를 갊이 있으리라(마 8장11~12)

너희가 아브라함과 이삭과 야곱과 모든 선지자는 하나님 나라에 있고 오직 너희는 밖에 쫓겨난 것을 볼 때에 거기서 슬피 울며 이를 갊이 있으리라(눅 13장28)

이에 그 거지가 죽어 천사들에게 받들려 아브라함의 품에 들어가고 부자도 죽어 장사되매 저가 음부에서 고통 중에 눈을 들어 멀리 아브라함과 그의 품에 있는 나사로를 보고 불러 가로되 아버지 아브라함이여 나를 긍휼히 여기사 나사로를 보내어 그 손가락 끝에 물을 찍어 내 혀를 서늘하게 하소서 내가 이 불꽃 가운데서 고민 하나이다..(눅 16장22~26)

▶ 다윗의 천국 열쇠

내가 또 다윗 집의 열쇠를 그의 어깨에 두리니 그가 열면 닫을 자가 없겠고 닫으면 열 자가 없으리라(사 22장22)

빌라델비아 교회의 사자에게 편지하기를 거룩하고 진실하사 다윗의 열쇠를 가지신 이 곧 열면 닫을 사람이 없고 닫으면 열 사람이 없는 그이가 가라사대(계 3장7)

▶ 베드로의 천국 열쇠

내가 천국 열쇠를 네게 주리니 네가 땅에서 무엇이든지 매면 하늘에서도 매일 것이요 네가 땅에서 무엇이든지 풀면 하늘에서도 풀리리라 하시고(마 16장19)

▶ 다윗의 장막, 다윗의 집

거기 판단의 보좌를 두셨으니 곧 다윗 집의 보좌로다(시 122장5)

다윗의 장막에 왕위는 인자함으로 굳게 설 것이요 그 위에 앉을 자는 충실함으로 판결하며 공평을 구하며 의를 신속히 행하리라(사 16장5)

여호와가 먼저 유다 장막을 구원하리니 이는 다윗의 집의 영광과 예루살렘 거민의 영광이 유다보다 더하지 못하게 하려 함이니라 그 날에 여호와가 예루살렘 거민을 보호하리니 그 중에 약한 자가 그 날에는 다윗 같겠고 다윗의 족속은 하나님 같고 무리 앞에 있는 여호와의 사자 같을 것이라 예루살렘을 치러 오는 열국을 그 날에 내가 멸하기를 힘쓰리라(슥 12장7~9)

▶ 야곱의 집

주 하나님께서 그 조상 다윗의 위를 저에게 주시리니 영원히 야곱의 집에 왕노릇 하실 것이며 그 나라가 무궁하리라(눅 1장32~33)

▶ 아론의 집

여호와께 감사하라 저는 선하시며 그 인자하심이 영원함이로다 이제 이스라엘은 말하기를 그 인자하심이 영원하다 할찌로다 이제 아론의 집은 말하기를 그 인자하심이 영원하다 할 찌로다(시 118장1~3)

성령을 받은 자들의 특징

성령을 받은 자들의 특징

기독교의 대다수 목사와 성도들이 하나같이 성령을 받았다고 가르치고 배운다 그러나 실제로는 성경 말씀에 입각한 성령의 능력이나 성령의 열매나 성령의 증거가 전혀 나타나지 않는 100% 가짜 성령이요 자신의 확신과 의욕을 앞세운, 혈기가 동반된 억지가 만들어 낸 가짜 성령이다 평생 죄를 반복하는 자신을 돌이켜보지 못하는 교만이 만들어 낸 마귀의 자식이요(요1 3장8~10) 스스로 성령을 받았다고 하면서도 평생을 죄만 반복하는 이들은, 죄를 범하지 않는 그리스도의 아름다운 회개조차 이루지 못한 자들이라 세상과 더불어 물질과 겸하여 하나님을 섬기려는 변질과 이단과 거짓을 좇아 난 자신의 의욕과 확신과 자긍이 곧 이들의 믿음이요 말씀이요 성령이니, 다시 말해 거듭남의 회개도 이루지 못한 거짓 성령이 판치는 기독교인들이기에 평생을 이해관계에 따라 죄만 반복하고 있는 것이다 성령을 받은 자는 창조에서부터 이르러 모든 하나님의 이상과 하늘나라에 대한 모든 이치를 아는 신의 지혜를 지닌 자를 말하는 것이요 또한 죄만 반복하는 인간이 아닌, 선과 의를 좇아 난 신을 말하는 것이다 하나님의 진리는 인간을 신으로 만드는 하나님의 능력이 역사하는 하나님의 지혜요 이에 진리의 영 즉 성령을 받은 자는 곧 신이라 성령은 사랑이신 하나님의 성품을 닮은 사랑의 신이기에 성령을 받은 자는 죄를 반복하지 않으며 범죄하지 않는다 그러므로 당신이 만약 죄를 반복하는 인간이라면 당신은 결코 성령을 받은 자가 아니요 죄를 반복할 수밖에 없는 인간인 당신이 성령을 받았다고 하는 것은 곧 하나님의 영을 멸시하는 것이며 성령을 우롱하고 있는 것이다.

예수께서 가라사대 너희 율법에 기록한바 내가 너희를 신이라 하였노라 하지 아니하였느냐 성경은 폐하지 못하나니 하나님의 말씀을 받은 사람들을 신이라 하셨거든(요 10장34~35)

나의 책망을 듣고 돌이키라 보라 내가 나의 신을 너희에게 부어주며 나의 말을 너희에게 보이리라(잠 1장23)

내가 그들에게 일치한 마음을 주고 그 속에 새 신을 주며 그 몸에서 굳은 마음을 제하고 부드러운 마음을 주어서 내 율례를 좇으며 내 규례를 지켜 행하게 하리니 그들은 내 백성이 되고 나는 그들의 하나님이 되리라 그러나 미운 것과 가증한 것을 마음으로 좇는 자는 내가 그 행위대로 그 머리에 갚으리라(겔 11장19~21)

그 후에 내가 내 신을 만민에게 부어 주리니 너희 자녀들이 장래 일을 말할 것이며 너희 늙은이는 꿈을 꾸며 너희 젊은이는 이상을 볼 것이라(욜 2장28)

진리의 영(성령)은 인간의 교육과 지식과 교훈과 학문과 같이 인간의 머리와 지능으로 배우고 익히는 인간의 상식적인 가치의 지혜가 아니기에 육신을 좇아 난 인간의 한계와 상식으로는 결코 이해될 수 없는 이치다.

이는 저희로 마음에 위안을 받고 사랑 안에서 연합하여 원만한 이해의 모든 부요에 이르러 하나님의 비밀인 그리스도를 깨닫게 하려 함이라 그 안에는 지혜와 지식의 모든 보화가 감추어 있느니라 내가 이것을 말함은 아무도 공교한 말로 너희를 속이지 못하게 하려 함이니 이는 내가 육신으로는 떠나 있으나 심령으로는 너희와 함께 있어 너희의 규모와 그리스도를 믿는 너희 믿음의 굳은 것을 기쁘게 봄이라 그러므로 너희가 그리스도 예수를 주로 받았으니 그 안에서 행하되 그 안에 뿌리를 박으며 세움을 입어 교훈을 받은 대로 믿음에 굳게 서서 감사함을 넘치게 하라 누가 철학과 헛된 속임수로 너희를 노략할까 주의하라 이것이 사람의 유전과 세상의 초등 학문을 좇음이요 그리스도를 좇음이 아니니라(골 2장2~8)

너희 중에 지혜와 총명이 있는 자가 누구뇨 그는 선행으로 말미암아 지혜의 온유함으로 그 행함을 보일찌니라 그러나 너희 마음 속에 독한 시기와 다툼이 있으면 자랑하지 말라 진리를 거스려 거짓하지 말라 이러한 지혜는 위로부터 내려온 것이 아니요 세상적이요 정욕적이요 마귀적이니 시기와 다툼이 있는 곳에는 요란과 모든 악한 일이 있음이니라 오직 위로부터 난 지혜는 첫째 성결하고 다음에 화평하고 관용하고 양순하며 긍휼과 선한 열매가 가득하고 편벽과 거짓이 없나니 화평케 하는 자들은 화평으로 심어 의의 열매를 거두느니라(약 3장13~18)

하나님의 성령과 진리는 하나님의 사랑 안에서 나오는 성결한 마음으로부터 얻어지는 신의 능력이 역사하는 신의 지혜요 신의 이상과 신의 영역이기에 절대로 인간의 상식으로는 이해될 수 없다 평생을 사람의 교훈과 교육 방식을 통한 인간의 지혜와 말의 감동을 좇아 각성과 다짐과 결심과 자긍만 반복할 뿐 끊임없이 죄가 반복되는 육신의 삶을 사는 기독교인들의 성령과 진리는 100% 다 이단이요 거짓이며 하나님의 진리의 영이 아닌, 사단과 마귀가 역사하는 귀신의 영이다 하나님의 영은 육신을 좇아 머리와 지능으로 배우고 익히는 사람의 교육 방식을 통한 사람의 지식이나 사람의 지혜나 사람의 교훈이나 말의 감동이 아니다 다시 말해 평생을 각성하고 다짐하고 결심해도 변화될 수 없는 인간의 한계로, 평생을 죄만 반복하는 육신을 좇아 난 육신의 교육과 인간의 교훈과 인간의 지혜를 가르치고 있는 기독교인들의 가르침과 배움들은 결코 신의 이상과 능력을 가르치는 진리의 영(성령)의 지혜와 진리가 아니다.

누가 철학과 헛된 속임수로 너희를 노략할까 주의하라 이것이 사람의 유전과 세상의 초등 학문을 좇음이요 그리스도를 좇음이 아니니라(골 2장8)

진리의 영(성령)의 지혜는 오직 자신의 목숨까지도 바치는 십자가의 사랑을 좇아 하나님의 성품을 이루어 가는 하나님의 능력이 역사하여, 죄만 반복하는 인간의 한계를 벗어나 신의 이상을 좇아 신이 되도록 인도하는 사랑이다 하나님은 사랑이시다 그러므로 십자가의 사랑이 증거하지 않는, 세상과 더불어 물질과 겸하여 하나님을 섬기려는 육신에 속한 기독교인들에게는 절대로 역사할 수 없는 성결한 지혜가 바로 성령이요 신의 지혜인 진리다.

누가 여호와의 신을 지도하였으며 그의 모사가 되어 그를 가르쳤으랴 그가 누구로 더불어 의논하셨으며 누가 그를 교훈 하였으며 그에게 공평의 도로 가르쳤으며 지식을 가르쳤으며 통달의 도를 보여 주었느뇨(사 40장13~14)

너희는 주께 받은바 기름 부음이 너희 안에 거하나니 아무도 너희를 가르칠 필요가 없고 오직 그의 기름 부음이 모든 것을 너희에게 가르치며 또 참되고 거짓이 없으니 너희를 가르치신 그대로 주 안에 거하라(요1 2장27)

나의 눈이 이것을 다 보았고 나의 귀가 이것을 듣고 통달하였느니라 너희 아는 것을 나도 아노니 너희만 못한 내가 아니니라(욥 13장1~2)

성령을 받았다는 기독교인들은 단 한 명도 위의 구절의 열매와 증거가 결코 나타나지 않는다 오직 오늘날 모든 종교들은 세상 누구나 가르치는 인간의 교육 방식에 불과한 인간의 기준으로 신의 경전인 성경을 제멋대로 해석하고 풀이하여 가르치고 있는 것이다 성경은 신의 경전이기에 인간을 중심으로 하는 인간의 방식에 불과한 교육과 교훈으로는 절대로 알 수 없다 다시 말해 한낱 인간의 지식과 지혜로 제멋대로 해석하고 풀이한, 그저 인간의 주장일 뿐인 자신의 주장을 신의 지혜인 양 하며 하나님의 말씀인 양하나 이들의 가르침과 설교는 하나같이 이단이라고 칭하는 모든 종교들의 방식과 별반 다를 바 없다 자신들의 머리와 지능을 앞세운 지식적 가르침과 말의 감동을 통한 감정적 교훈 속에 성도들이 배운 바는 하나같이 세상에 속한 자신의 모든 이상과 성공과 만족과 만사형통을 이루기 위해 자신의 결심과 다짐과 자긍을 일으키는, 세속의 정욕을 좇아 난 위인들의 성공을 담은 성공 드라마와 역경 드라마가 오늘날 기독교의 말씀 중심이요 머리와 지능을 앞세운 낱말과 단어를 자신들의 입맛대로 해석하고 풀이한 자신의 주장이 곧 진리다 인간의 교육 방식을 바탕으로 하는 인간 중심의 인본주의 사고가 절대화된 지식적 교육이 기독교가 말하는 믿음의 실체다 신의 경전을 가르치려면 신이 되어야 하는 것이다 다시 말해 사랑의 근원이신 하나님을 닮아 가는 사랑의 신이 되어야 하는 것이다 그러나 오늘날 기독교의 믿음은 하나같이 세상에 속한 자신들의 정욕을 좇아 난 자신의 행복과 이상과 성공과 만사형통을 위해 믿는 믿음이다 그러므로 하나님의 거룩하신 뜻이 무엇이며 인간이 태어난 근본 이유가 무엇인지조차도 알지 못하고 관심조차 갖지 않는, 오직 자신들의 육신에 속한 정욕과 욕심을 좇아 난 이상과 행복과 성공만을 위한 망령된 기도밖에 하지 않는 자들이요 회개에 합당한 하나님의 뜻을 좇지 못한 에서와 같이 오직 자신의 육신의 축복과 성공을 위한 망령된 믿음들이다.

음행하는 자와 혹 한 그릇 식물을 위하여 장자의 명분을 판 에서와 같이 망령된 자가 있을까 두려워하라 너희의 아는 바와 같이 저가 그 후에 축복을 기업으로 받으려고 눈물을 흘리며 구하되 버린 바가 되어 회개할 기회를 얻지 못하였느니라(히 12장16~17)

1. 엘리야가 세례 요한으로 온 것을 증거하신 그리스도

외치는 자의 소리여 가로되 너희는 광야에서 여호와의 길을 예비하라 사막에서 우리 하나님의 대로를 평탄케 하라(사 40장3)

예수께서 대답하여 가라사대 엘리야가 과연 먼저 와서 모든 일을 회복하리라 내가 너희에게 말하노니 엘리야가 이미 왔으되 사람들이 알지 못하고 임의로 대우하였도다 인자도 이와 같이 그들에게 고난을 받으리라 하시니 그제야 제자들이 예수의 말씀하신 것이 세례 요한인 줄을 깨달으니라(마 17장11~13)

그러면 너희가 어찌하여 나갔더냐 선지자를 보려더냐 옳다 내가 너희에게 이르노니 선지자보다도 나은 자니라 기록된바 보라 내가 내 사자를 네 앞에 보내노니 저가 네 길을 네 앞에 예비하리라 하신 것이 이 사람에 대한 말씀이니라 내가 진실로 너희에게 말하노니 여자가 낳은 자 중에 세례 요한보다 큰이가 일어남이 없도다 그러나 천국에서는 극히 작은 자라도 저보다 크니라 세례 요한의 때부터 지금까지 천국은 침노를 당하나니 침노하는 자는 빼앗느니라 모든 선지자와 및 율법의 예언한 것이 요한까지니 만일 너희가 즐겨 받을찐대 오리라 한 엘리야가 곧 이 사람이니라(마 11장9~14)

위 말씀은 주께서 엘리야가 이사야 40장3절의 말씀을 좇아 세례 요한으로 거듭 태어났음을 증거하신 내용이요 아래의 말씀은 그리스도께서 환생에 대해 가르치셨으나, 듣던 무리들이 이해를 하지 못하므로 주께서 모세의 가시나무떨기 책에 기록된 환생과 거듭남에 대하여 언급하시며 책망하시고 가르치신 내용이다.

죽은 자의 살아난다는 것은 모세도 가시나무떨기에 관한 글에 보였으되 주를 아브라함의 하나님이요 이삭의 하나님이요 야곱의 하나님이시라 칭하였나니 하나님은 죽은 자의 하나님이 아니요 산 자의 하나님이시라 하나님에게는 모든 사람이 살았느니라 하시니 서기관 중 어떤 이들이 말하되 선생이여 말씀이 옳으니이다 하니 저희는 아무 것도 감히 더 물을 수 없음이더라(눅 20장37~40)

나는 아브라함의 하나님이요 이삭의 하나님이요 야곱의 하나님이로라 하신 것을 읽어 보지 못하였느냐 하나님은 죽은 자의 하나님이 아니요 산 자의 하나님이시니라 하시니 무리가 듣고 그의 가르치심에 놀라더라 (마 22장32~33)

그러나 오늘날의 성경은 환생에 대한 수많은 말씀 구절들이 과거 콘스탄틴 왕에 의해 삭제되고 변개되었기에 모세의 가시나무떨기 책이 고작 언급만 되어 있을 뿐 정작 그 내용에 관해서는 아무런 기록도 남아있지 않다 위 말씀 구절도 마찬가지로 그리스도께서 환생에 대해 가르치셨으나 듣던 무리들이 이해하지 못하므로 주께서 모세의 가시나무떨기 책의 환생에 관한 내용을 들어 책망하시니 듣던 무리가 놀라워했다는 기록만 있을 뿐, 모세의 가시나무떨기를 들어 말씀하신 가르침이 무엇인지에 대해서는 자세히 나와 있지 않다 이에 필자가 밝히는, 성경이 삭제되기 전의 내용은 이러하니, 환생에 관한 그리스도의 말씀을 듣는 이들이 이해하지 못하기에 주께서 자신도 아담으로 욥으로 멜기세덱으로 아모스로 에스겔로 거듭 태어나 온 자임을 가르치셨으나 믿는 자가 많지 않았고 이에 그리스도께서 "모세가 가시나무떨기에 기록한 바 자신을 노아요 아브라함이라 하였고 또한 아론이 자신을 야곱이라고 하지 않았느냐! 모세가 기록한 이 글을 보고도 너희는 의심하느냐"고 책망하시며 가르치시니, 이에 듣던 제자들과 모든 무리가 놀라워하고 감히 반문하지 못했던 것이다 오늘날 우리가 보고 있는 성경은 과거 콘스탄틴 왕이 환생의 거듭 태어남에 대한 수많은 말씀 구절들을 삭제하고 변개하였기에 이처럼 앞뒤가 맞지 않거나 이해되지 않는 부분들이 많다. (본 저자의 저서 참조: 변개된 성경)

2. 성령을 받자마자 자신이 다윗임을 알게 된 베드로

다윗이 그를 가리켜 이르되 내가 항상 내 앞에 계신 주를 뵈었음이여 나로 요동하지 않게 하기 위하여 그가 내 우편에 계시도다 그러므로 내 마음이 기뻐하였고 내 혀도 즐거워하였으며 육체도 희망에 거하리니 이는 내 영혼을 음부에 버리지 아니하시며 주의 거룩한 자로 썩음을 당하지 않게 하실 것임이로다 주께서 생명의 길을 내게 보이셨으니 주 앞에서 내게 기쁨이 충만하게 하시리로다 하였으므로 형제들아 내가 조상 다윗에 대하여 담대히 말할 수 있노니 다윗이 죽어 장사되어 그 묘가 오늘까지 우리 중에 있도다 그는 선지자라 하나님이 이미 맹세하사 그 자손 중에서 한 사람을 그 위에 앉게 하리라 하심을 알고 미리 본 고로 그리스도의 부활을 말하되 그가 음부에 버림이 되지 않고 그의 육신이 썩음을 당하지 아니하시리라 하더니 이 예수를 하나님이 살리신지라 우리가 다 이 일에 증인이로다 하나님이 오른손으로 예수를 높이시매 그가 약속하신 성령을 아버지께 받아서 너희가 보고 듣는 이것을 부어 주셨느니라 다윗은 하늘에 올라가지 못하였으나 친히 말하여 이르되 주께서 내 주에게 말씀하시기를 내가 네 원수로 네 발등상이 되게 하기까지 너는 내 우편에 앉아 있으라 하셨도다 하였으니 그런즉 이스라엘 온 집은 확실히 알지니 너희가 십자가에 못 박은 이 예수를 하나님이 주와 그리스도가 되게 하셨느니라 하니라(행 2장25~36)

많은 변론이 있은 후에 베드로가 일어나 말하되 형제들아 너희도 알거니와 하나님이 이방인들로 내 입에서 복음의 말씀을 들어 믿게 하시려고 오래 전부터 너희 가운데서 나를 택하시고(행 15장7)

그는 창세전부터 미리 알리신바 된 자나 이 말세에 너희를 위하여 나타내신바 되었으니(벧전 1장20)

형제들아 성령이 다윗의 입을 의탁하사 예수 잡는 자들을 지로한 유다를 가리켜 미리 말씀하신 성경이 응하였으니 마땅하도다(행 1장16)

3. 욥이 과거 자신이 흙으로 빚은 아담이었다는 것을 증거하는 내용

주의 손으로 나를 만드사 백체를 이루셨거늘 이제 나를 멸하시나이다 기억하옵소서 주께서 내 몸 지으시기를 흙을 뭉치듯 하셨거늘 다시 나를 티끌로 돌려보내려 하시나이까 주께서 나를 젖과 같이 쏟으셨으며 엉긴 젖처럼 엉기게 하지 아니하셨나이까 가죽과 살로 내게 입히시며 뼈와 힘줄로 나를 뭉치시고 생명과 은혜를 내게 주시고 권고하심으로 내 영을 지키셨나이다(욥 10장8~12)

여호와 하나님이 흙으로 사람을 지으시고 생기를 그 코에 불어 넣으시니 사람이 생령이 된지라(창 2장7)

4. 그리스도께서는 자신이 아담임을 밝히셨고 그리스도의 제자들도 이미 알고 있었다는 내용

기록된바 첫 사람 아담은 산 영이 되었다 함과 같이 마지막 아담은 살려 주는 영이 되었나니 (고전 15장45)

그러나 아담으로부터 모세까지 아담의 범죄와 같은 죄를 짓지 아니한 자들 위에도 사망이 왕 노릇하였나니 아담은 오실 자의 표상이라(롬 5장14)

5. 모세가 말씀의 영을 통해 자신이 아브라함임을 기억한 내용

이는 그 거룩한 말씀과 그 종 아브라함을 기억하셨음이로다(시 105장42)

6. 이사야가 과거에 자신이 모든 열 왕과 방백들에게 경배를 받는 아브라함임을 기억한 내용

나는 여호와의 보시기에 존귀한 자라 나의 하나님이 나의 힘이 되셨도다 다시 야곱을 자기에게로 돌아오게 하시며 이스라엘을 자기에게로 모이게 하시려고 나를 태에서 나옴으로부터 자기 종을 삼으신 여호와께서 말씀하시니라 그가 가라사대 네가 나의 종이 되어 야곱의 지파들을 일으키며 이스라엘 중에 보전된 자를 돌아오게 할 것은 오히려 경한 일이라 내가 또 너로 이방의 빛을 삼아 나의 구원을 베풀어서 땅 끝까지 이르게 하리라 이스라엘의 구속자, 이스라엘의 거룩한 자이신 여호와께서 사람에게 멸시를 당하는 자, 백성에게 미움을 받는 자, 관원들에게 종이 된 자에게 이같이 이르시되 너를 보고 열 왕이 일어서며 방백들이 경배하리니 이는 너를 택한바 신실한 나 여호와 이스라엘의 거룩한 자를 인함이니라 여호와께서 또 가라사대 은혜의 때에 내가 네게 응답하였고 구원의 날에 내가 너를 도왔도다 내가 장차 너를 보호하여 너로 백성의 언약을 삼으며 나라를 일으켜 그들로 그 황무하였던 땅을 기업으로 상속케 하리라 내가 잡혀 있는 자에게 이르기를 나오라 하며 흑암에 있는 자에게 나타나라 하리라 그들이 길에서 먹겠고 모든 자산에도 그들의 풀밭이 있을 것인즉 그들이 주리거나 목마르지 아니할 것이며 더위와 볕이 그들을 상하지 아니하리니 이는 그들을 긍휼히 여기는 자가 그들을 이끌되 샘물 근원으로 인도할 것임이니라(사 49장5~10)

7. 두로 왕이 과거에 에덴동산에서 살던 보좌 중 하나였으나 범죄함으로 모든 사람들의 놀람거리와 경계거리 즉 사단이 되었다는 내용

그 날부터 두로가 한 왕의 년한 같이 칠십년을 잊어버림이 되었다가 칠십년이 필한 후에 두로는 기생 노래의 뜻 같이 될 것이라 잊어버린바 되었던 기생 너여 수금을 가지고 성읍에 두루 행하며 기묘한 곡조로 많은 노래를 불러서 너를 다시 기억케 하라 하였느니라 (사 23장15~16) (겔 28장12~19)

8. 그리스도를 죽인 거짓된 목자들과 악한 자들도 거듭 태어나고 환생한다고 성경에는 기록되어 있다

대제사장이 가운데 일어서서 예수에게 물어 이르되 너는 아무 대답도 없느냐 이 사람들이 너를 치는 증거가 어떠하냐 하되 침묵하고 아무 대답도 아니하시거늘 대제사장이 다시 물어 이르되 네가 찬송 받을 이의 아들 그리스도냐 예수께서 이르시되 내가 그니라 인자가 권능자의 우편에 앉은 것과 하늘구름을 타고 오는 것을 너희가 보리라 하시니 대제사장이 자기 옷을 찢으며 이르되 우리가 어찌 더 증인을 요구하리요 그 신성 모독 하는 말을 너희가 들었도다 너희는 어떻게 생각하느냐 하니 그들이 다 예수를 사형에 해당한 자로 정죄하고 어떤 사람은 그에게 침을 뱉으며 그의 얼굴을 가리고 주먹으로 치며 이르되 선지자 노릇을 하라 하고 하인들은 손바닥으로 치더라(막 14장60~65) (마 26장63~65)

볼찌어다 구름을 타고 오시리라 각인의 눈이 그를 보겠고 그를 찌른 자들도 볼터이요 땅에 있는 모든 족속이 그를 인하여 애곡하리니 그러하리라 아멘(계 1장7)

너희가 너희 조상의 양을 채우라 뱀들아 독사의 새끼들아 너희가 어떻게 지옥의 판결을 피하겠느냐 그러므로 내가 너희에게 선지자들과 지혜 있는 자들과 서기관들을 보내매 너희가 그 중에서 더러는 죽이고 십자가에 못 박고 그 중에 더러는 너희 회당에서 채찍질하고 이 동네에서 저 동네로 구박하리라 그러므로 의인 아벨의 피로부터 성전과 제단 사이에서 너희가 죽인 바라갸의 아들 사가랴의 피까지 땅 위에서 흘린 의로운 피가 다 너희에게 돌아가리라(마 23장32~35)

예루살렘아 예루살렘아 선지자들을 죽이고 네게 파송된 자들을 돌로 치는 자여 암탉이 그 새끼를 날개 아래 모음 같이 내가 네 자녀를 모으려 한 일이 몇번이냐 그러나 너희가 원치 아니하였도다 보라 너희 집이 황폐하여 버린바 되리라(마 23장37~38)

그들은 전에 노아의 날 방주를 준비할 동안 하나님이 오래 참고 기다리실 때에 복종하지 아니하던 자들이라 방주에서 물로 말미암아 구원을 얻은 자가 몇 명뿐이니 겨우 여덟 명이라(벧전 3장20)

위 말씀은 거듭 태어나 다시금 기회를 주시는데도 불구하고 끝까지 하나님과 대적이 되고 원수가 되는 거짓된 목자들을 책망하는 내용이다 이들은 과거 노아의 때부터 복종하지 않던 자들이요 자신들을 구원으로 인도하고자 이 땅에 내려온 보좌들과 하나님의 목자를 오히려 핍박하고 죽인 자들이라 이에 너희를 가르치는 자들 중에 그리스도를 죽인 자들이 있음을 명심하라! 그들과 함께 하나님의 사자와 대적이 되는 너희의 죄는 믿지 않는 자들보다 심히 크나니 이에 사람이 사람에게 범죄하면 하나님께 구하여 죄 사함을 받겠으나 하나님께 범죄한 너희는 누구에게 구하여 죄 사함을 받을꼬!

사람이 사람에게 범죄하면 하나님이 판결하시려니와 사람이 여호와께 범죄하면 누가 위하여 간구하겠느냐 하되 그들이 그 아비의 말을 듣지 아니하였으니 이는 여호와께서 그들을 죽이기로 뜻하셨음이었더라(삼상 2장25)

이는 가만히 들어온 사람 몇이 있음이라 그들은 옛적부터 이 판결을 받기로 미리 기록된 자니 경건하지 아니하여 우리 하나님의 은혜를 도리어 방탕한 것으로 바꾸고 홀로 하나이신 주재 곧 우리 주 예수 그리스도를 부인하는 자니라(유 1장4)

저희의 기다리는바 하나님께 향한 소망을 나도 가졌으니 곧 의인과 악인의 부활이 있으리라 함이라 이것을 인하여 나도 하나님과 사람을 대하여 항상 양심에 거리낌이 없기를 힘쓰노라(행 24장15~16)

선한 일을 행한 자는 생명의 부활로, 악한 일을 행한 자는 심판의 부활로 나오리라(요 5장29)

저희는 영벌에, 의인들은 영생에 들어가리라 하시니라(마 25장46)

내가 이 책의 예언의 말씀을 듣는 각인에게 증거하노니 만일 누구든지 이것들 외에 더하면 하나님이 이 책에 기록된 재앙들을 그에게 더하실 터이요 만일 누구든지 이 책의 예언의 말씀에서 제하여 버리면 하나님이 이 책에 기록된 생명 나무와 및 거룩한 성에 참예함을 제하여 버리시리라(계 22장18~19)

이 성경을 창세에서부터 변개하고 삭제해 온 모든 자들의 죗값을 심판의 날에 한꺼번에 심히 벌하시기 위하여 오늘날까지 모으셨으니 이들은 독사의 자식이라 거짓으로 양들을 미혹시키는 도저히 용서받지 못할 자들이요 멸망과 심판으로 들어갈 자칭 하나님의 목자라 하는 자들이라 이들의 죗값은 모든 하나님의 보좌와 사자와 목자들을 핍박하고 죽인 핏값이니 무엇으로 담당하리요 당당하고 뻔뻔하게 가르치던 너희의 혀가 심판의 날의 참혹함에 탄식과 절규와 울부짖음으로 온 땅에 메아리칠 것이라. (본 저자의 저서 참조: 심판)

나를 압제하는 악인과 나를 에워싼 극한 원수에게서 벗어나게 하소서 저희가 자기 기름에 잠겼으며 그 입으로 교만히 말하나이다(시 17장9~10)

스스로 깨끗한 자로 여기면서 오히려 그 더러운 것을 씻지 아니하는 무리가 있느니라 눈이 심히 높으며 그 눈꺼풀이 높이 들린 무리가 있느니라 앞니는 장검 같고 어금니는 군도 같아서 가난한 자를 땅에서 삼키며 궁핍한 자를 사람 중에서 삼키는 무리가 있느니라 (잠 30장12~14)

신의 경전을 감히 인간의 머리와 지능으로 배우고 익힌 지식으로, 자신의 입맛대로 해석하고 풀이한 너희의 주장이 말씀 위에 군림하는 왕이 되었도다 여기에서 조금 저기에서 조금 하며 말씀을 기준으로 한 진위 여부가 필요치 않는, 절대화된 자신의 주장을 위해 존재 되는 말씀이니 자신의 주장은 곧 말씀이요 믿음이요 하나님이라 스스로 절대화가 되고 스스로가 군림하는 왕같이 하나니 말씀은 하인이요 하나님은 정욕을 채우는 도구요 그리스도는 죄를 합리화하는 변명이라 이들은 가난하고 불쌍한 양들을 먹일 십일조와 헌물을 도둑질하기 위해 이단들이 만들어 놓은 가증하고 교활한 예배만을 좇아 십자가의 사랑을 부인한 자들이요, 평생을 말로만 가르치며 빛과 소금처럼 본과 귀감이 되는 열매와 증거와 실천이 없는 자들이라.

..그 중에 알기 어려운 것이 더러 있으니 무식한 자들과 굳세지 못한 자들이 다른 성경과 같이 그것도 억지로 풀다가 스스로 멸망에 이르느니라 그러므로 사랑하는 자들아 너희가 이것을 미리 알았은즉 무법한 자들의 미혹에 이끌려 너희 굳센데서 떨어질까 삼가라 (벧후 3장15~17)

모든 이론을 파하며 하나님 아는 것을 대적하여 높아진 것을 다 파하고 모든 생각을 사로잡아 그리스도에게 복종케 하니 너희의 복종이 온전히 될 때에 모든 복종치 않는 것을 벌하려고 예비하는 중에 있노라(고후 10장5~6)

천지 창조자 (네 보좌)

천지 창조자 (네 보좌)

　　　　　　　　　　　【하나님】
【야곱】　【그리스도】　　　　　【아브라함】　【이삭】

거기 판단의 보좌를 두셨으니 곧 다윗 집의 보좌로다(시 122장5)

이것이 바로 하나님의 우편에 앉으신 그리스도의 보좌, 주의 우편에 앉은 야곱의 보좌, 하나님의 좌편에 앉은 아브라함의 보좌, 아브라함의 좌편에 앉은 이삭의 보좌라 그래서 아브라함의 하나님 이삭의 하나님 야곱의 하나님은 영원한 표호라 하신 것이라 구원으로 이를 속사람의 이스라엘 열두 지파의 이름을 받으라! 심판의 날에 너희를 구원하기 위해서 내려온 아브라함인 모세를 과거 엘리야와 그리스도와 같이 임의로 대우하고 부인하는 자는 결단코 구원의 이스라엘의 이름을 받지 못하리라! 내가 알곡과 가라지를 가르러 온 모세임을 부인하는 자는 자신의 구원의 뿌리를 부인하는 자요 평생을 말로만 가르치고 듣기만 하는 신앙을 옳다고 여기는, 십자가의 사랑과 원수 된 자들이라.

그가 나를 데리고 성소 동향한 바깥 문에 돌아오시니 그 문이 닫히었더라 여호와께서 내게 이르시되 이 문은 닫고 다시 열지 못할찌니 아무 사람도 그리로 들어오지 못할 것은 이스라엘 하나님 나 여호와가 그리로 들어왔음이라 그러므로 닫아 둘 찌니라 왕은 왕인 까닭에 안 길로 이 문 현관으로 들어와서 거기 앉아서 나 여호와 앞에서 음식을 먹고 그 길로 나갈 것이니라(겔 44장1~3)

드린바 거룩한 구역과 성읍의 기지 된 땅의 좌우편 곧 드린바 거룩한 구역의 옆과 성읍의 기지 옆의 땅을 왕에게 돌리되 서편으로 향하여 서편 국경까지와 동편으로 향하여 동편 국경까지니 그 장이 구역 하나와 서로 같을찌니라 이 땅으로 왕에게 돌려 이스라엘 중에 기업을 삼게 하면 나의 왕들이 다시는 내 백성을 압제하지 아니하리라 그 나머지 땅은 이스라엘 족속에게 그 지파대로 나눠줄찌니라(겔 45장7~8)

이 네 보좌를 통하여 하나님께서 천지를 창조하도록 하신 것이니, 이는 그리스도와 아브라함과 이삭과 야곱의 보좌요 이에 창세기에 '우리'라고 하신 것이다.

무릇 내 이름으로 일컫는 자 곧 내가 내 영광을 위하여 창조한 자를 오게 하라 그들을 내가 지었고 만들었느니라(사 43장7)

여호와께서 그 조화의 시작 곧 태초에 일하시기 전에 나를 가지셨으며 만세 전부터, 상고부터, 땅이 생기기 전부터 내가 세움을 입었나니 아직 바다가 생기지 아니하였고 큰 샘들이 있기 전에 내가 이미 났으며 산이 세우심을 입기 전에, 언덕이 생기기 전에 내가 이미 났으니 하나님이 아직 땅도, 들도, 세상 진토의 근원도 짓지 아니하셨을 때에라 그가 하늘을 지으시며 궁창으로 해면에 두르실 때에 내가 거기 있었고 그가 위로 구름 하늘을 견고하게 하시며 바다의 샘들을 힘 있게 하시며 바다의 한계를 정하여 물로 명령을 거스리지 못하게 하시며 또 땅의 기초를 정하실 때에 내가 그 곁에 있어서 창조자가 되어 날마다 그 기뻐하신바가 되었으며 항상 그 앞에서 즐거워하였으며 사람이 거처할 땅에서 즐거워하며 인자들을 기뻐하였었느니라(잠 8장22~31)

하나님이 가라사대 우리의 형상을 따라 우리의 모양대로 우리가 사람을 만들고 그로 바다의 고기와 공중의 새와 육축과 온 땅과 땅에 기는 모든 것을 다스리게 하자 하시고(창 1장26)

자, 우리가 내려가서 거기서 그들의 언어를 혼잡케 하여 그들로 서로 알아듣지 못하게 하자 하시고(창 11장7)

보좌를 상징하는 열두 가지 빛

장광이 한 뼘씩 두 겹으로 네모 반듯하게 하고 그것에 네 줄로 보석을 물리되 첫 줄은 홍보석 황옥 녹주옥이요 둘째 줄은 석류석 남보석 홍마노요 세째 줄은 호박 백마노 자수정이요 네째 줄은 녹보석 호마노 벽옥으로 다 금테에 물릴찌니 이 보석들은 이스라엘 아들들의 이름대로 열 둘이라 매 보석에 열 두 지파의 한 이름씩 인을 새기는 법으로 새기고(출 28장16~21)

그가 또 흉패를 공교히 짜되 에봇과 같은 모양으로 금실과 청색 자색 홍색실과 가늘게 꼰 베실로 하였으니 그것의 장이 한 뼘, 광이 한 뼘으로 네모 반듯하고 두 겹이며 그것에 네 줄 보석을 물렸으니 곧 홍보석 황옥 녹주옥이 첫 줄이요 둘째 줄은 석류석 남보석 홍마노요 세째 줄은 호박 백마노 자수정이요 네째 줄은 녹보석 호마노 벽옥이라 다 금테에 물렸으니 이 보석들은 이스라엘 아들들의 이름 곧 그들의 이름대로 열 둘이라 인을 새김 같이 그 열 두 지파의 각 이름을 새겼으며(출 39장8~14)

성령으로 나를 데리고 크고 높은 산으로 올라가 하나님께로부터 하늘에서 내려오는 거룩한 성 예루살렘을 보이니 하나님의 영광이 있어 그 성의 빛이 지극히 귀한 보석 같고 벽옥과 수정 같이 맑더라 크고 높은 성곽이 있고 열 두 문이 있는데 문에 열 두 천사가 있고 그 문들 위에 이름을 썼으니 이스라엘 자손 열 두 지파의 이름들이라 동쪽에 세 문, 북쪽에 세 문, 남쪽에 세 문, 서쪽에 세 문이니 그 성의 성곽에는 열 두 기초석이 있고 그 위에는 어린 양의 열 두 사도의 열 두 이름이 있더라 내게 말하는 자가 그 성과 그 문들과 성곽을 측량하려고 금 갈대 자를 가졌더라 그 성은 네모가 반듯하여 길이와 너비가 같은지라 그 갈대 자로 그 성을 측량하니 만 이천 스다디온이요 길이와 너비와 높이가 같더라 그 성곽을 측량하매 백사십사 규빗이니 사람의 측량 곧 천사의 측량이라 그 성곽은 벽옥으로 쌓였고 그 성은 정금인데 맑은 유리 같더라 그 성의 성곽의 기초석은 각색 보석으로 꾸몄는데 첫째 기초석은 벽옥이요 둘째는 남보석이요 셋째는 옥수요 넷째는 녹보석이요 다섯째는 홍마노요 여섯째는 홍보석이요 일곱째는 황옥이요 여덟째는 녹주옥이요 아홉째는 담황옥이요 열째는 비취옥이요 열한째는 청옥이요 열두째는 자수정이라 그 열 두 문은 열 두 진주니 각 문마다 한 개의 진주로 되어 있고 성의 길은 맑은 유리 같은 정금이더라 성 안에서 내가 성전을 보지 못하였으니 이는 주 하나님 곧 전능하신 이와 및 어린 양이 그 성전이심이라 그 성은 해나 달의 비침이 쓸데 없으니 이는 하나님의 영광이 비치고 어린 양이 그 등불이 되심이라 만국이 그 빛 가운데로 다니고 땅의 왕들이 자기 영광을 가지고 그리로 들어가리라 낮에 성문들을 도무지 닫지 아니하리니 거기에는 밤이 없음이라(계 21장10~25)

거기 판단의 보좌를 두셨으니 곧 다윗 집의 보좌로다(시 122장5)

동쪽	첫째 줄	홍보석 황옥 녹주옥	(그리스도의 보좌)
서쪽	둘째 줄	석류석 남보석 홍마노	(아브라함의 보좌)
남쪽	세째 줄	호박 백마노 자수정	(이삭의 보좌)
북쪽	네째 줄	녹보석 호마노 벽옥	(야곱의 보좌)

1. 그리스도의 보좌   첫째 줄 [홍보석. 황옥. 녹주옥]

그 때에 내가 눈을 들어 바라본즉 한 사람이 세마포 옷을 입었고 허리에는 우바스 정금띠를 띠었고 그 몸은 황옥 같고 그 얼굴은 번갯빛 같고 그 눈은 횃불 같고 그 팔과 발은 빛난 놋과 같고 그 말소리는 무리의 소리와 같더라(단 10장5~6)

주의 우편에 계신 주께서 그 노하시는 날에 열 왕을 쳐서 파하실 것이라(시 110장5)

믿음의 주요 또 온전케 하시는 이인 예수를 바라보자 저는 그 앞에 있는 즐거움을 위하여 십자가를 참으사 부끄러움을 개의치 아니하시더니 하나님 보좌 우편에 앉으셨느니라 (히 12장2)

예수께서 가라사대 네가 말하였느니라 그러나 내가 너희에게 이르노니 이 후에 인자가 권능의 우편에 앉은 것과 하늘 구름을 타고 오는 것을 너희가 보리라 하시니(마 26장64)

2. 아브라함의 보좌   둘째 줄 [석류석. 남보석. 홍마노]

그 머리 위에 있는 궁창 위에 보좌의 형상이 있는데 그 모양이 남보석 같고 그 보좌의 형상 위에 한 형상이 있어 사람의 모양 같더라(겔 1장26)

이에 내가 보니 그룹들 머리 위 궁창에 남보석 같은 것이 나타나는데 보좌 형상 같더라 (겔 10장1)

이에 그 거지가 죽어 천사들에게 받들려 아브라함의 품에 들어가고 부자도 죽어 장사 되매 그가 음부에서 고통 중에 눈을 들어 멀리 아브라함과 그의 품에 있는 나사로를 보고 불러 이르되 아버지 아브라함이여 나를 긍휼히 여기사 나사로를 보내어 그 손가락 끝에 물을 찍어 내 혀를 서늘하게 하소서 내가 이 불꽃 가운데서 괴로워하나이다 아브라함이 이르되 얘 너는 살았을 때에 좋은 것을 받았고 나사로는 고난을 받았으니 이것을 기억하라 이제 그는 여기서 위로를 받고 너는 괴로움을 받느니라 그뿐 아니라 너희와 우리 사이에 큰 구렁텅이가 놓여 있어 여기서 너희에게 건너가고자 하되 갈 수 없고 거기서 우리에게 건너올 수도 없게 하였느니라(눅 16장22~26)

내가 그 발 앞에 엎드려 경배하려 하니 그가 나더러 말하기를 나는 너와 및 예수의 증거를 받은 네 형제들과 같이 된 종이니 삼가 그리하지 말고 오직 하나님께 경배하라 예수의 증거는 대언의 영이라 하더라(계 19장10)

3. 이삭의 보좌   세째 줄 [호박. 백마노. 자수정]

나를 데리시고 거기 이르시니 모양이 놋 같이 빛난 사람 하나가 손에 삼줄과 척량하는 장대를 가지고 문에 서 있더니(겔 40장3)

4. 야곱의 보좌   네째 줄 [녹보석. 호마노. 벽옥]

앉으신 이의 모양이 벽옥과 홍보석 같고 또 무지개가 있어 보좌에 둘렸는데 그 모양이 녹보석 같더라 또 보좌에 둘려 이십 사 보좌들이 있고 그 보좌들 위에 이십 사 장로들이 흰 옷을 입고 머리에 금 면류관을 쓰고 앉았더라(계 4장3~4)

빌라델비아 교회의 사자에게 편지하기를 거룩하고 진실하사 다윗의 열쇠를 가지신 이 곧 열면 닫을 사람이 없고 닫으면 열 사람이 없는 그이가 가라사대(계 3장7)

그 날에 내가 힐기야의 아들 내 종 엘리아김을 불러 네 옷을 그에게 입히며 네 띠를 그에게 띠워 힘있게 하고 네 정권을 그의 손에 맡기리니 그가 예루살렘 거민과 유다 집의 아비가 될 것이며 내가 또 다윗 집의 열쇠를 그의 어깨에 두리니 그가 열면 닫을 자가 없겠고 닫으면 열 자가 없으리라 못이 단단한 곳에 박힘 같이 그를 견고케 하리니 그가 그 아비 집에 영광의 보좌가 될 것이요(사 22장20~23)

거기 판단의 보좌를 두셨으니 곧 다윗 집의 보좌로다(시 122장5)

여호와께서 내 주에게 말씀하시기를 내가 네 원수로 네 발등상 되게 하기까지 너는 내 우편에 앉으라 하셨도다(시 110장1)

만민이 너를 섬기고 열국이 네게 굴복하리니 네가 형제들의 주가 되고 네 어미의 아들들이 네게 굴복하며 네게 저주하는 자는 저주를 받고 네게 축복하는 자는 복을 받기를 원하노라 (창 27장29)

나를 훈계하신 여호와를 송축할찌라 밤마다 내 심장이 나를 교훈하도다 내가 여호와를 항상 내 앞에 모심이여 그가 내 우편에 계시므로 내가 요동치 아니하리로다..(시 16장7~11)

그 등대 곁에 두 감람나무가 있는데 하나는 그 주발 우편에 있고 하나는 그 좌편에 있나이다 하고 내게 말하는 천사에게 물어 가로되 내 주여 이것들이 무엇이니이까 내게 말하는 천사가 대답하여 가로되 네가 이것들이 무엇인지 알지 못하느냐 내가 대답하되 내 주여 내가 알지 못하나이다.. 내가 그에게 물어 가로되 등대 좌우의 두 감람나무는 무슨 뜻이니이까 하고 다시 그에게 물어 가로되 금 기름을 흘려내는 두 금관 옆에 있는 이 감람나무 두 가지는 무슨 뜻이니이까 그가 내게 대답하여 가로되 네가 이것이 무엇인지 알지 못하느냐 대답하되 내 주여 알지 못 하나이다 가로되 이는 기름 발리운 자 둘이니 온 세상의 주 앞에 모셔 섰는 자니라 하더라(슥 4장3~14)

미가야가 가로되 그런즉 왕은 여호와의 말씀을 들으소서 내가 보니 여호와께서 그 보좌에 앉으셨고 하늘의 만군이 그 좌우편에 모시고 서 있는데(왕상 22장19)

저를 하나님보다 조금 못하게 하시고 영화와 존귀로 관을 씌우셨나이다 주의 손으로 만드신 것을 다스리게 하시고 만물을 그 발 아래 두셨으니(시 8장5~6)

다윗을 왕으로 세우시고 증거하여 가라사대 내가 이새의 아들 다윗을 만나니 내 마음에 합한 사람이라 내 뜻을 다 이루게 하리라 하시더니 하나님이 약속하신 대로 이 사람의 씨에서 이스라엘을 위하여 구주를 세우셨으니 곧 예수라(행 13장22~23)

너는 그에게 말하고 그 입에 말을 주라 내가 네 입과 그의 입에 함께 있어서 너의 행할 일을 가르치리라 그가 너를 대신하여 백성에게 말할 것이니 그는 네 입을 대신할 것이요 너는 그에게 하나님 같이 되리라(출 4장15~16)

아래의 말씀 구절들에 관한 비밀은 직접 강의에 참석하여 듣길 바란다

여호와께서 그 조화의 시작 곧 태초에 일하시기 전에 나를 가지셨으며 만세 전부터, 상고부터, 땅이 생기기 전부터 내가 세움을 입었나니 아직 바다가 생기지 아니하였고 큰 샘들이 있기 전에 내가 이미 났으며 산이 세우심을 입기 전에, 언덕이 생기기 전에 내가 이미 났으니 하나님이 아직 땅도, 들도, 세상 진토의 근원도 짓지 아니하셨을 때 에라 그가 하늘을 지으시며 궁창으로 해면에 두르실 때에 내가 거기 있었고 그가 위로 구름 하늘을 견고하게 하시며 바다의 샘들을 힘 있게 하시며 바다의 한계를 정하여 물로 명령을 거스리지 못하게 하시며 또 땅의 기초를 정하실 때에 내가 그 곁에 있어서 창조자가 되어 날마다 그 기뻐하신바가 되었으며 항상 그 앞에서 즐거워하였으며 사람이 거처할 땅에서 즐거워하며 인자들을 기뻐하였었느니라(잠 8장22~31)

저를 천사보다 조금 못하게 하시고 영화와 존귀로 관을 씌우셨나이다 주의 손으로 만드신 것을 다스리게 하시고 만물을 그 발 아래 두셨으니(시 8장5~6)

그룹들은 각기 네 면이 있는데 첫 면은 그룹의 얼굴이요 둘째 면은 사람의 얼굴이요 세째는 사자의 얼굴이요 네째는 독수리의 얼굴이더라(겔 10장14)

내가 보니 북방에서부터 폭풍과 큰 구름이 오는데 그 속에서 불이 번쩍번쩍하여 빛이 그 사면에 비취며 그 불 가운데 단쇠 같은 것이 나타나 보이고 그 속에서 네 생물의 형상이 나타나는데 그 모양이 이러하니 사람의 형상 이라 각각 네 얼굴과 네 날개가 있고 그 다리는 곧고 그 발바닥은 송아지 발바닥 같고 마광한 구리 같이 빛나며 그 사면 날개 밑에는 각각 사람의 손이 있더라 그 네 생물의 얼굴과 날개가 이러하니 날개는 다 서로 연하였으며 행할 때에는 돌이키지 아니하고 일제히 앞으로 곧게 행하며 그 얼굴들의 모양은 넷의 앞은 사람의 얼굴이요 넷의 우편은 사자의 얼굴이요 넷의 좌편은 소의 얼굴이요 넷의 뒤는 독수리의 얼굴이니 그 얼굴은 이러하며 그 날개는 들어 펴서 각기 둘씩 서로 연하였고 또 둘은 몸을 가리웠으며 신이 어느 편으로 가려면 그 생물들이 그대로 가되 돌이키지 아니하고 일제히 앞으로 곧게 행하며 또 생물의 모양은 숯불과 횃불 모양 같은데 그 불이 그 생물 사이에서 오르락 내리락 하며 그 불은 광채가 있고 그 가운데서는 번개가 나며 그 생물의 왕래가 번개 같이 빠르더라(겔 1장4~14)

가난하고 불쌍한 양들을 먹이고 베풀고 나누어주어 서로 위하고 아끼고 섬기는 아름다운 사랑을 가르치고 전파하고자 하심에 존재 되는 십일조와 헌물을 오히려 도둑질하는 자들이 무엇인들 바르게 가르치랴! 처음 시작부터 절대복종과 절대 권력이라는 종교의 특수성을 이용한 종교 통치를 하기 위해 만들어진 종교 의식과 도둑질의 예배와 사상과 교리니, 이처럼 처음 시작부터 도둑질과 권력을 위해 만들어진 거짓된 종교들이 무엇인들 올바른 것이 있으리요! 첫 단추부터 엇갈렸으니 처음부터 끝까지 단 한 가지라도 옳은 것이 무엇이랴! 성경 자체를 변개하고 삭제한 자들이 어떻게 하나님과 그리스도를 믿는 자라고 할 수 있겠는가! 올바른 양심의 목소리를 내어 자신들을 반대하는 자들을, 종교의 사상과 교리를 앞세운 종교 통치로 무지하고 무자비하게 살생하여 만들어 낸 종교의 예배와 교리와 사상이 어찌 아름다울 수 있으랴! 이 지구상에서 가장 많은 사람들을 죽인 사상이 바로 삼위일체라 먹이고 베풀고 나누어주어 서로 위하고 아끼고 섬기는 아름다운 사랑을 가르치는 목자 대신, 권력과 사리사욕을 좇는 거짓 목자들이 평생을 말로만 가르치기 위해 만들어 놓은 잔인무도한 삼위일체 사상은 이 땅에서 가장 많은 사람들을 죽인 잔인무도한 인간의 사상이다.

오직 십일조와 헌물을 도둑질하여 사리사욕과 권력만을 좇기 위한 자들이 자신들의 부정과 거짓과 악행과 고문과 살인을 책하고 맞서는 자들에게 온갖 고문과 핍박을 행하며 숙청하는 도구로 이용한 사상이 바로 삼위일체요 이는 자신을 희생하는 십자가의 사랑과 수고와 고난을 회피한 채 평생을 말로만 가르치는 자들을 위한 종교 의식과 사상과 교리다 평생을 말로만 가르치기 위한 거짓과 악행에 반대하는 수천만 명에 달하는 사람들을 중세에 이르기까지 셀 수 없이 죽인 잔인한 핏값 위에 세워진 가톨릭이요 이를 바탕으로 만들어진 기독교라 삼위일체 사상은 사실 종교를 통치의 수단으로 이용하여 평생을 말로만 가르치는 자신들을 합리화하고 신격화하기 위한 자들에 의해 만들어져 오늘날까지 전파되고 이어져 온 것이다 다시 말해 자신의 배부름과 사리사욕을 좇아 평생을 말로만 가르치는 자들에 의해 만들어진 전통과 관행과 유전이 바로 오늘날 가톨릭과 기독교의 종교 의식과 교리와 사상이다 하나님과 그리스도와 성령이 하나라는 삼위일체사상이 참이라면 성령을 받았다고 하는 너희가 모두 하나님이 되는 것이요 또한 그리스도가 되는 것이 아니냐! 답변하라 성령을 받았다고 하는 너희여! 이 삼위일체 사상이 맞다면 너희는 분명 하나님이요 그리스도라! 보혜사 성령을 제일 먼저 받은 베드로가 자신을 가리켜 하나님이라고 하더냐 아니면 그리스도라고 하더냐! 자신을 높여 하나님 같은 체하는 너희는 말씀 위에 군림한 자요 자신의 주장과 해석이 말씀이 되고 믿음이 된 자라! 성령을 받은 자는 곧 하나님이요 그리스도라는 거짓된 사상을 앞세워, 거짓 목자들을 성령을 받은 자인 양 신격화 시키고 이에 하나님인 양 절대복종으로 군림하여 십일조와 헌물을 도둑질하기 위함에 로마교의 콘스탄틴 왕이 만든 이단의 사상이 아니냐! 기독교인들이여! 너희는 너희가 이단이라고 칭하는 이단의 삼위일체를 믿는 이유가 무엇이냐! 이단인 로마교(가톨릭)가 만든 삼위일체가 아니더냐! 로마교에서 신부들을 하나님이요 그리스도라는 의미로 신격화하고 도둑질의 예배를 합리화하기 위함에 만든 이단의 사상이 바로 삼위일체다 삼위일체를 옹호하는 모든 자들은 도둑질의 예배를 통해 자신의 사리사욕을 채우고자 함이요 이들에게 말씀은 자신들을 신격화하기 위한 도구니 교만의 극치에 달하는 믿음으로 세상과 더불어 물질과 겸하여 하나님을 섬기는 변질과 이단과 거짓만을 가르치는 자들이다.

오늘날 우리가 보고 있는 성경 말씀 사이사이에 (없음) 이라고 표기되어 있는 것 자체가 참으로 이상하지 않은가! 성경을 읽어 본 사람이라면 분명 이해할 수 없는 부분이며 어느 누구도 설명할 수 없을 만큼 아이러니한 부분이다 이는 인간의 학문인 인간 중심(인본주의)의 신학을 통해 신부를 세우고 이를 신격화하기 위함에, 과거 로마교(가톨릭)의 콘스탄틴 왕이 구약과 신약에서 인간이 거듭 태어나고 환생하는 모든 내용을 완전히 삭제했기 때문이다 하나님의 모든 목자는 오직 성경에 기록된 예언의 말씀을 온전히 이루기 위함에 기록된 예언의 말씀을 좇아 이 땅에 오는 자요 결코 인본주의적인 신학을 통해 목사 학위나 신부 학위를 받아 인간사와 세상사의 상식과 관행으로 인정받는 오늘날의 신부나 목사를 말하는 것이 아니다 앞서 말한 것처럼 인간사의 교훈과 지식과 상식으로 평생을 말로만 가르쳐 성도들로 하여금 평생을 각성과 결심과 확신과 자긍만 일으키게 하고 이에 죄만 반복케 하는 말뿐인 이론과 사람의 교훈은 결코 하나님의 진리가 아니다 사람의 상식과 한계와 감동과 지혜와 교훈으로는 흉내조차 낼 수 없는 신의 영역이요 하늘의 이상이요 하나님의 능력이라 사람의 각성과 다짐과 자긍으로는 변화될 수 없는 인간의 한계를 넘어서게 하는 하나님의 능력을 가르치는 것이 바로 진리다 다시 말해 지구상의 모든 종교에서 가르치는 말의 감동과 사람의 교훈은 신의 진리가 결코 아니다.

변개되고 삭제된 성경의 연대

변개되고 삭제된 성경의 연대

지금 우리가 보고 있는 성경에 기록된 연대들도 사실 내용마다 제각각이고 전혀 맞지 않다 아래의 내용은 탈무드 임마누엘이라는 위경의 내용 중 일부다 이 위경은 거짓된 내용들이 많긴 하나, 다 틀렸다고 하기에는 눈여겨볼 부분이 있다 2000년 전 사람이 하나님의 계보를 기록한 탈무드 임마누엘의 내용은 지금 성경의 연대와는 무려 약 7000년의 차이가 나지만, 고고학적으로 평가한다면 오히려 지구의 연대가 13000년이 되었다는 탈무드 임마누엘의 연대가 더 현실적이고 더 상식적이다 왜냐하면 지금까지 발견되고 있는 수많은 고고학의 유물들과 한반도의 12000년 역사의 고인돌만 비교해 봐도 6000년의 성경의 연대는 너무나 터무니없고 비현실적이며 비논리적이고 비상식적이다 오히려 13000년의 역사를 앞세운 탈무드 임마누엘이 훨씬 더 현실적이고 상식적이다.

▼ 탈무드 임마누엘의 연대

1. 아담은 지구 여인을 아내로 취하여 셋을 낳았고, 2. 셋은 에노스를 낳았고, 3. 에노스는 아키비엘을 낳았고, 4. 아키비엘은 아루세크를 낳았으며, 5. 아루세크는 케난을 낳았고, 6. 케난은 마할랄렐을 낳았고, 7. 마할랄렐은 우라키바라미엘을 낳았고, 8. 우라키바라미엘은 야렛을 낳았고, 9. 야렛은 에노크를 낳았으며, 10. 에노크는 메투살라를 낳았고, 11. 메투살라는 라멕을 낳았고, 12. 라멕은 타미엘을 낳았으며, 13. 타미엘은 다넬을 낳았고, 14. 다넬은 아자엘을 낳았고, 15. 아자엘은 삼사피엘을 낳았습니다. 16. 삼사피엘은 요미아엘을 낳았으며, 17. 요미아엘은 투렐을 낳았고, 18. 투렐은 하메크를 낳았고, 19. 하메크는 노아를 낳았으며, 20. 노아는 셈을 낳았고, 21. 셈은 아르팍삿을 낳았고, 22. 아르팍삿은 바트라알을 낳았고, 23. 바트라알은 라무엘을 낳았고, 24. 라무엘은 아스키엘을 낳았고, 25. 아스키엘은 아르메르스를 낳았고, 26. 아르메르스는 살라를 낳았고, 27. 살라는 에베르를 낳았으며, 28. 에베르는 펠레그를 낳았고, 29. 펠레그는 레구를 낳았고, 30. 레구는 세루그를 낳았고, 31. 세루그는 아라세알을 낳았고, 32. 아라세알은 나호르를 낳았으며, 33. 나호르는 타라를 낳았고, 34. 타라는 아브라함을 낳았으며, 35. 아브라함은 이사악을 낳았고, 36. 이사악은 야곱을 낳았고, 37. 야곱은 유다를 낳았고, 38. 유다는 아나니를 낳았고, 39. 아나

니는 에르타엘을 낳았고, 40. 에르타엘은 페레스를 낳았고, 41. 페레스는 헤스론을 낳았고, 42. 헤스론은 람을 낳았고, 43. 람은 아미나답을 낳았고, 44. 아미나답은 사베비를 낳았고, 45. 사베비는 나흐손을 낳았고, 46. 나흐손은 사나를 낳았고, 47. 사나는 보아스를 낳았으며, 48. 보아스는 오벳을 낳았고, 49. 오벳은 이새를 낳았고, 50. 이새는 다윗을 낳았으며, 51. 다윗은 솔로몬을 낳았고, 52. 솔로몬은 아사를 낳았습니다. 53. 아사는 가다엘을 낳았고, 54. 가다엘은 요사팟을 낳았고, 55 요사팟은 요라를 낳았고, 56. 요라는 아르메니엘을 낳았고, 57. 아르메니엘은 우시아를 낳았으며, 58. 우시아는 요단을 낳았고, 59. 요단은 가드리엘을 낳았고, 60. 가드리엘은 아하스를 낳았으며, 61. 아하스는 히스키야를 낳았으며, 62. 히스키야는 마나세를 낳았고, 63. 마나세는 아몬을 낳았고, 64. 아몬은 요시아를 낳았고, 65. 요시아는 요아킨을 낳았고, 66. 요아킨은 스알디엘을 낳았으며, 67. 스알디엘은 예쿤을 낳았고, 68. 예쿤은 스루바벨을 낳았고, 69. 스루바벨은 아비웃을 낳았고, 70. 아비웃은 엘리아킴을 낳았고, 71. 엘리아킴은 아소르를 낳았으며, 72. 아소르는 사독을 낳았으며, 73. 사독은 아킴을 낳았고, 74. 아킴은 엘리웃을 낳았고, 75. 엘리웃은 엘리아살을 낳았고, 78. 엘리아살은 마탄을 낳았고, 79. 마탄은 야곱을 낳았으며, 80. 야곱은 요셉을 낳았습니다. 81. 요셉은 그리스도를, 아담을 탄생시킨 지 일만 일천 년 만에 생긴 일로서, 이는 먼 데로부터 온 존재들의 지배자이신 신의 언약을 성취하기 위한 것입니다.

'플라톤의 역사철학'이란 책을 쓴 플라톤은 2000년 전의 사람이다 그런데 이 책에서 플라톤은 9000년 전에 모든 규정과 제도가 잘 갖추어진 제국이 있었다고 기록하고 있다 (출처: 플라톤의 역사철학) 이는 11000년 전에 대형 제국이 있었다고 얘기하고 있는 것이다 다시 말해 11000년 전에 이미 대형 제국이 있었다는 것은 지구의 연대가 적어도 13000년 이상이 되었다는 것을 의미한다.

또한 6000년~7000년 전 역사적 유물이 곳곳에서 발견되고 있기에, 지구의 연대가 6000년이라는 오늘날의 성경의 연대는 한편의 코미디를 보는 것과 같다 지금 우리가 보고 있는 성경에 기록된 지구의 연대는 6000년이다 그렇다면 노아와 아브라함이 50년 정도를 동시대에 함께 살았다는 얘기가 되는 것이요 이는 그야말로 성경 말씀을 완전히 부정하는 동시에, 공의와 정의가 없는 하나님으로 만드는 것이 아닌가!

아래의 말씀에 기록된 것처럼, 모든 사람의 조상인 아브라함이 노아였다는 증거를 없애기 위하여 노아와 아브라함이 동시대 사람인 양 연대를 6000년으로 줄여 조작한 것이다 이처럼 거듭 태어나 오는 네 보좌들의 연대를 축소시켜 거듭 태어남의 비밀을 없앤 것이요 이는 하나님의 모든 목자들은 반드시 기록된 말씀을 좇아서 세상에 거듭 태어나 온다는 성경 말씀의 명확한 근거와 명분을 없애기 위해 성경 말씀과 성경의 연대를 완전히 변개하고 삭제하여 줄인 것이다 다시 말하면 양들에게 먹일 십일조와 헌물을 도둑질하기 위해 거짓된 목자들을 세우고 이를 합리화하기 위함에, 거듭 태어나는 보좌들의 명분을 성경에서 없애고자 성경의 연대를 줄이다 보니 성경의 연대와 역사는 세상인들에게 그야말로 황당한 거짓과 억지와 비웃음거리가 되었고, 신의 경전이 소설과 동화책이 되어 버렸다 이에 양의 탈을 쓴 도둑과 강도들의 거짓과 억지와 변질이 만들어 낸 전통과 관행과 유전이 오늘날까지 이어져 온 것이다 노아가 아브라함으로 거듭 태어난 보좌가 아니라면 아래 내용의 하나님의 말씀은 완벽한 거짓이 되어 버린다 하나님의 이 말씀이 진정 거짓이랴! 아니면 노아와 아브라함이 동시대에 함께 살았다는 성경의 연대가 거짓이랴! 둘 중에 하나는 명명백백한 거짓이다 하나님의 공의와 정의와 신의와 의의 말씀을 믿을 것인가! 아니면 변개된 성경의 연대를 믿을 것인가! 이는 당신의 목숨을 걸어야 할 마지막 선택이 될 것이다.

이제 후로는 네 이름을 아브람이라 하지 아니하고 아브라함이라 하리니 이는 내가 너로 열국의 아비가 되게 함이니라 내가 너로 심히 번성케 하리니 나라들이 네게로 좇아 일어나며 열왕이 네게로 좇아 나리라(창 17장5~6)

율법은 진노를 이루게 하나니 율법이 없는 곳에는 범함도 없느니라 그러므로 후사가 되는 이 것이 은혜에 속하기 위하여 믿음으로 되나니 이는 그 약속을 그 모든 후손에게 굳게 하려 하심이라 율법에 속한 자에게 뿐아니라 아브라함의 믿음에 속한 자에게도니 아브라함은 하나님 앞에서 우리 모든 사람의 조상이라 기록된바 내가 너를 많은 민족의 조상으로 세웠다 하심과 같으니 그의 믿은바 하나님은 죽은 자를 살리시며 없는 것을 있는 것 같이 부르시는 이시니라(롬 4장15~17)

또 네 씨로 말미암아 천하 만민이 복을 얻으리니 이는 네가 나의 말을 준행하였음이니라 하셨다 하니라(창 22장18)

만약 오늘날의 6000년의 성경의 연대와 같이 노아와 아브라함이 동시대에 함께 살았던 서로 다른 인물이라면, 하나님께서 아브라함을 가리켜 모든 사람의 조상이라고 말씀하신 내용은 명명백백한 거짓이 되는 것이요 그렇다면 우리가 어찌 거짓말을 기록한 성경을 믿겠는가! 모든 열국과 방백들은 아브라함이 태어나기 전에 노아의 자손으로부터 이미 태어났으니, 모든 인간의 조상은 사실 노아요 아브라함은 결코 모든 사람의 조상도 아비도 될 수 없음이라 눈이 있어도 보지 못하고 귀가 있어도 듣지 못하는 자들이여! 겸손한 눈으로 이 말씀을 보라!

아담, 셋, 에노스, 게난, 마할랄렐, 야렛, 에녹, 므두셀라, 라멕, 노아, 셈, 함과 야벳, 야벳의 아들은 고멜과 마곡과 마대와 야완과 두발과 메섹과 디라스요 고멜의 아들은 아스그나스와 디밧과 도갈마요 야완의 아들은 엘리사와 다시스와 깃딤과 도다님이더라 함의 아들은 구스와 미스라임과 붓과 가나안이요 구스의 아들은 스바와 하윌라와 삽다와 라아마와 삽드가요 라아마의 아들은 스바와 드단이요 구스가 또 니므롯을 낳았으니 세상에 처음 영걸한 자며 미스라임은 루딤과 아나밈과 르하빔과 납두힘과 바드루심과 가슬루힘과 갑도림을 낳았으니 블레셋 족속은 가슬루힘에게서 나왔으며 가나안은 맏아들 시돈과 헷을 낳고 또 여부스 족속과 아모리 족속과 기르가스 족속과 히위 족속과 알가 족속과 신 족속과 아르왓 족속과 스말 족속과 하맛 족속을 낳았더라 셈의 아들은 엘람과 앗수르와 아르박삿과 룻과 아람과 우스와 훌과 게델과 메섹이라 아르박삿은 셀라를 낳고 셀라는 에벨을 낳고 에벨은 두 아들을 낳아 하나의 이름을 벨렉이라 하였으니 이는 그 때에 땅이 나뉘었음이요 그 아우의 이름은 욕단이며 욕단이 알모닷과 셀렙과 하살마웻과 예라와 하도람과 우살과 디글라와 에발과 아비마엘과 스바와 오빌과 하윌라와 요밥을 낳았으니 욕단의 아들들은 이러하니라 셈, 아르박삿, 셀라, 에벨, 벨렉, 르우, 스룩, 나홀, 데라, 아브람 곧 아브라함(대상 1장1~27) (창 10장1~11장26)

다시 한번 너희에게 명명백백히 묻노니 눈이 있으면 보라! 아브라함 이전에 노아로부터 이미 모든 열국과 열 왕들이 태어났나니, 이 계보를 보고도 너희는 아브라함이 모든 조상의 아비요 열국과 방백들의 조상이란 말이 맞다고 보느냐! 지구의 연대는 사실 6000년이 아니라 15000년의 역사다 그리스도와 아브라함과 이삭과 야곱의 보좌가 14대에 이르러 거듭 태어난 것이요 이는 천년 왕국이라는 말씀처럼 천년을 주기로 태어나 세상에 오는 것이라 천년 왕국이라는 뜻 자체도 모르는 자들이 과연 천국으로 인도하는 하나님의 목자겠느뇨! 아니면 하나님의 목자들과 그리스도를 훼방하고 핍박하고 죽인 자들이겠느뇨! 이는 성경 말씀에 견주어 자신을 비추어 보는 겸손의 지혜가 판가름할 것이다.

하늘의 천국은 다 같은 천국이 아니니, 이에 성경 말씀에 해의 영광이 다르고 달의 영광이 다르며 별의 영광이 다른데 별과 별의 영광도 각각 다르다 하심이라(고전 15장41) 으뜸의 영광은 영원히 사는 영원한 천국 즉 지성소의 영광인 해의 영광이요, 그 다음으로는 이스라엘 백성들이 들어가는 천년 왕국 즉 천년을 사는 성소의 영광인 달의 영광이며, 그 다음으로는 열국 백성들이 들어가는 열국의 영광 즉 별의 영광이니, 이처럼 사람에 따라 들어가는 영광이 각각 다름이라 이스라엘 백성들은 천년을 사는 성소의 영광이기에 사람에 따라 차이는 있겠으나 대부분은 천년을 주기로 거듭 태어난다 그러나 양들을 이 땅에 보내실 때에는 결코 목자 없이 보내시지 아니하시나니, 이에 하늘의 네 보좌들도 양들을 인도하기 위함에 천년 주기로 이 땅에 거듭 태어나는 것이라 이에 보좌들의 14번의 거듭 태어남은 우리 지구의 연대가 14000년 전후라는 것을 의미한다.

상식도 기본도 기준도 언어의 가치도 상실한 채 낱말과 숫자까지도 비유하는, 세상 어떤 문헌에서도 찾아 볼 수 없는 황당하고 무식한 풀이와 성경을 악용한 거짓과 억지의 엉터리 해석을 중심하여 자신들을 신격화하는 이단적인 기독교의 교리와 사상과 가르침은 성경 말씀을 멸시하는, 이 지구상에서 가장 큰 이단이요 가장 큰 원수요 가장 큰 대적이다 자신의 입맛대로 해석하고 자신의 마음대로 주장하는 가르침이 신격화되어 버린 기독교의 모든 교리와 사상과 설교는 성경의 내용을 교활하게 악용만 할 뿐 평생을 말로만 가르치고 듣기만 하는 자들이니 실제로는 하나님의 뜻을 저버린 신앙들이요 그리스도의 십자가의 사랑과 원수가 된 믿음들이라.

1. 하나님의 우편에 앉은 그리스도의 보좌

아담 → 욥 → ? → 멜기세덱 → ? → ? → ? → ? → ? → 아모스 → ? → 에스겔 → ? → 그리스도 → (하나님과 함께 재림)

2. 하나님의 좌편에 앉은 아브라함의 보좌

? → 노아 → ? → 아브라함 → ? → ? → 모세 → ? → ? → 이사야 → ? → → ? → 요한 → (두 증인, 언약의 사자)

3. 아브라함의 좌편에 앉은 이삭의 보좌

? → ? → ? → 이삭 → ? → ? → ? → ? → 사무엘 → 엘리야 → ? → 다니엘 → ? → 세례 요한 → (예비의 사자)

4. 그리스도의 우편에 앉은 야곱의 보좌

? → ? → ? → 야곱 → ? → ? → 아론 → ? → 다윗 → 호세아 → ? → 엘리야김 → ? → 베드로 → (두 증인)

이 말씀의 경고를 무시한, 평생을 말로만 가르친 당당하고 뻔뻔한 자들아! 너희에게 명명백백히 말하거니와 너희는 정녕 내가 모세가 아니길 정말로 간절히 바라라! 말씀이 고대하는바 내가 언약의 사자 모세가 맞다면 심판의 날의 모든 저주와 더불어 다 기록치 못한 수많은 저주가 너희에게 피눈물의 고통과 울부짖음이 될 것이라! (본 저자의 저서 참조: 심판) 창조에서부터 이르러 이보다 더 큰 저주와 더 이상의 잔인함이 없나니 그 고통과 아픔이 너희를 삼킬 것이라 이에 너희가 말하기를 "차라리 지옥불에 던져지는 것이 더 편하리라" 하리라! 간교한 자들이 꾀를 내어 말하기를 "지옥보다 더한 이 고통을 견디느니 차라리 자살을 선택하여 고통에서 벗어나자" 하나, 그날에 자살할 수 있는 마음을 품을 자가 하나도 없으니 심판받을 모든 자들에게 하나님의 권세가 임하여 자살하려는 마음 자체를 없애 버리시는 연고요 이는 하나님께서 그들의 죗값에 따라 심판의 날의 모든 징벌을 온전히 다 받게 하려 하심이라 이에 죽는 것이 오히려 여유라고 할 만큼의 고통 속에서 받을 너희의 심판의 형벌이 첫 번째 사망이라 그러나 첫 번째 고통보다 더 무섭고 두려운 지옥불의 심판이 기다리고 있나니, 이것이 두 번째 사망이라 뼈가 녹고 눈알이 빠지고 혀가 뽑히며 온몸이 벌레들의 집이 되고 온갖 징그러운 구더기들의 먹이가 되며 모든 살이 썩고, 녹아내리는 고통이 말로 표현할 수 없을 것이며 온몸 마디마디의 관절들이 꺾이고 부러지며 뜨거운 불 속에서 힘줄까지 꼬여 드는 고통을 받을 것이나, 이 같은 고통을 인간들이 살아생전 어찌 느낄 수 있으랴! 살아생전의 육체로는 육체의 약함으로 인해 뼈가 녹고 힘줄이 타들어 가기 전에 쇼크사(심장 마비)로 죽게 되나, 지옥의 심판은 죽을 수 없는 고통이요 쉴 수 없는 눈물이요 참을 수 없는 절규라 자복하고 회개하라! 평생을 말로만 가르치는 너희여! 자복하고 회개하라! 평생을 듣기만 하는 너희여! 너희의 죄는 하늘보다 크며 너희의 교만은 보좌보다 높고 너희의 거짓은 셀 수 없는 별보다 많도다 그날에 끝까지 하나님의 능력을 좇아 열매를 맺은 할례자들은 창조에서부터 심판의 날에 이르기까지 연단된 첫 번째 열매요 다음 세상의 내일을 다시 여시는 하나님의 두 번째 씨앗이라 이에 그리스도의 사랑을 좇아 난 구원의 자녀들은 첫째로는 첫 열매요 둘째로는 두 번째 씨앗이요 이는 영원히 기억될 하나님의 그루터기라.

이에 그 거지가 죽어 천사들에게 받들려 아브라함의 품에 들어가고 부자도 죽어 장사되매 저가 음부에서 고통 중에 눈을 들어 멀리 아브라함과 그의 품에 있는 나사로를 보고 불러 가로되 아버지 아브라함이여 나를 긍휼히 여기사 나사로를 보내어 그 손가락 끝에 물을 찍어 내 혀를 서늘하게 하소서 내가 이 불꽃 가운데서 고민하나이다 아브라함이 가로되 얘 너는 살았을 때에 네 좋은 것을 받았고 나사로는 고난을 받았으니 이것을 기억하라 이제 저는 여기서 위로를 받고 너는 고민을 받느니라 이뿐 아니라 너희와 우리 사이에 큰 구렁이 끼어 있어 여기서 너희에게 건너가고자 하되 할 수 없고 거기서 우리에게 건너 올 수도 없게 하였느니라 (눅 16장22~26)

또 너희에게 이르노니 동서로부터 많은 사람이 이르러 아브라함과 이삭과 야곱과 함께 천국에 앉으려니와 나라의 본 자손들은 바깥 어두운데 쫓겨나 거기서 울며 이를 갊이 있으리라 (마 8장11~12)

너희가 아브라함과 이삭과 야곱과 모든 선지자는 하나님 나라에 있고 오직 너희는 밖에 쫓겨난 것을 볼 때에 거기서 슬피 울며 이를 갊이 있으리라(눅 13장28)

그러나 이제 그리스도께서 죽은 자 가운데서 다시 살아 잠자는 자들의 첫 열매가 되셨도다 사망이 사람으로 말미암았으니 죽은 자의 부활도 사람으로 말미암는도다 아담 안에서 모든 사람이 죽은 것 같이 그리스도 안에서 모든 사람이 삶을 얻으리라(고전 15장20~22)

또 내가 보니 보라 어린 양이 시온 산에 섰고 그와 함께 십사만 사천이 서 있는데 그들의 이마에는 어린 양의 이름과 그 아버지의 이름을 쓴 것이 있더라 내가 하늘에서 나는 소리를 들으니 많은 물소리와도 같고 큰 우렛소리와도 같은데 내가 들은 소리는 거문고 타는 자들이 그 거문고를 타는 것 같더라 그들이 보좌 앞과 네 생물과 장로들 앞에서 새 노래를 부르니 땅에서 속량함을 받은 십사만 사천 밖에는 능히 이 노래를 배울 자가 없더라 이 사람들은 여자와 더불어 더럽히지 아니하고 순결한 자라 어린 양이 어디로 인도하든지 따라가는 자며 사람 가운데에서 속량함을 받아 처음 익은 열매로 하나님과 어린 양에게 속한 자들이니 그 입에 거짓말이 없고 흠이 없는 자들이더라(계 14장1~5)

또 이사야가 이스라엘에 관하여 외치되 이스라엘 뭇 자손의 수가 비록 바다의 모래 같을찌라도 남은 자만 구원을 얻으리니 주께서 땅 위에서 그 말씀을 이루사 필하시고 끝내시리라 하셨느니라 또한 이사야가 미리 말한바 만일 만군의 주께서 우리에게 씨를 남겨 두시지 아니하셨더면 우리가 소돔과 같이 되고 고모라와 같았으리로다 함과 같으니라(롬 9장27~29)

..가로되 주여 어느 때까지니이까 대답하시되 성읍들은 황폐하여 거민이 없으며 가옥들에는 사람이 없고 이 토지가 전폐하게 되며 사람들이 여호와께 멀리 옮기워서 이 땅 가운데 폐한 곳이 많을 때까지니라 그 중에 십분의 일이 오히려 남아 있을 찌라도 이것도 삼키운바 될 것이나 밤나무, 상수리나무가 베임을 당하여도 그 그루터기는 남아 있는 것 같이 거룩한 씨가 이 땅의 그루터기니라(사 6장9~13)

죄를 반복하는 마귀의 자식을 하나님의 자녀인 것처럼 귀히 여겨 주실 때에 하나님의 손을 잡으라! 하나님의 자녀가 아닌 너희를 하나님의 자녀라고 칭해 주시는 마지막 기회를 놓치지 말라! 너희는 아직 육체의 본질에서 벗어나지 못한 진노의 자녀요 육신에 속한 심판의 자녀요 죄만 반복하는 마귀의 자녀일 뿐이라 평생을 말로만 가르치고 평생을 듣기만 하는 신앙으로, 하나님의 자녀라고 자칭하는 파렴치하고 뻔뻔한 자들아! 죄만 반복하는 육체의 정욕을 좇아 난 너희가 정녕 그리스도인이더냐!

죄를 짓는 자는 마귀에게 속하나니 마귀는 처음부터 범죄함이니라 하나님의 아들이 나타나신 것은 마귀의 일을 멸하려 하심이니라..(요1 3장8~10)

내가 나를 위하여 저를 이 땅에 심고 긍휼히 여김을 받지 못하였던 자를 긍휼히 여기며 내 백성 아니었던 자에게 향하여 이르기를 너는 내 백성이라 하리니 저희는 이르기를 주는 내 하나님이시라 하리라(호 2장23)

호세아의 글에도 이르기를 내가 내 백성 아닌 자를 내 백성이라, 사랑하지 아니한 자를 사랑한 자라 부르리라 너희는 내 백성이 아니라 한 그 곳에서 그들이 살아 계신 하나님의 아들이라 일컬음을 받으리라 함과 같으니라 또 이사야가 이스라엘에 관하여 외치되 이스라엘 자손들의 수가 비록 바다의 모래 같을지라도 남은 자만 구원을 받으리니 주께서 땅 위에서 그 말씀을 이루고 속히 시행하시리라 하셨느니라 또한 이사야가 미리 말한 바 만일 만군의 주께서 우리에게 씨를 남겨 두지 아니하셨더라면 우리가 소돔과 같이 되고 고모라와 같았으리로다 함과 같으니라(롬 9장25~29)

성경은 동화나 신화가 아니라 이 땅에 유일무이한 신의 경전이기에 네 보좌 외에는 그 누구도 함부로 기록할 수 없는, 하늘에서 내려온 하나님의 경전이라 이 신의 경전을 감히 피조물에 불과한 교만한 사람의 지식과 지혜로 풀이하고 해석하는 자들아! 너희의 가르침은 첫 단추부터 바르게 잠그지 못한, 어그러지고 삐뚤어진 가르침이라 평생을 말로만 가르치는 인간들이 사랑 안에서 나오는 신의 지혜를 어찌 가늠이나 하겠느냐!

이는 저희로 마음에 위안을 받고 사랑 안에서 연합하여 원만한 이해의 모든 부요에 이르러 하나님의 비밀인 그리스도를 깨닫게 하려 함이라 그 안에는 지혜와 지식의 모든 보화가 감추어 있느니라.. 누가 철학과 헛된 속임수로 너희를 노략할까 주의하라 이것이 사람의 유전과 세상의 초등 학문을 좇음이요 그리스도를 좇음이 아니니라(골 2장2~8)

오직 위로부터 난 지혜는 첫째 성결하고 다음에 화평하고 관용하고 양순하며 긍휼과 선한 열매가 가득하고 편벽과 거짓이 없나니 화평케 하는 자들은 화평으로 심어 의의 열매를 거두느니라(약 3장17~18)(벧후 1장19~21)

..너희가 사랑 가운데서 뿌리가 박히고 터가 굳어져서 능히 모든 성도와 함께 지식에 넘치는 그리스도의 사랑을 알아 그 넓이와 길이와 높이와 깊이가 어떠함을 깨달아 하나님의 모든 충만하신 것으로 너희에게 충만하게 하시기를 구하노라(엡 3장15~19)

마음에서 솟아 나오는 신의 지혜를, 머리로 배우고 익히는 인간의 상식으로 감히 인지나 하겠느냐! 세상의 지혜와 지식도 제대로 알지 못하는 자들이 하늘과 하나님의 지혜를 알겠느냐! 보이지 않는 하나님과 천국에 관한 하늘에 속한 비밀의 복음을 전혀 알지 못하는 무지한 자들이 과연 하나님께서 보내신 자겠으며, 또한 이러한 자들이 그리스도를 전파할 수 있겠느냐! 인간의 학문과 종교의 역사와 사람의 교훈과 행복학과 성공학과 가정학과 축복학 등의 이론으로 여기서 조금 저기서 조금 하는 가르침을 가르치거나 배우는 모든 기독교인들은 평생을 죄만 반복할 수밖에 없는 죄인의 길에서 절대로 벗어날 수 없는 육신에 속한 자들이다 또한 오늘날의 기독교도 로마교(가톨릭)에서 파생된 이단일 뿐임을 기독교인들의 죄가 증거하는 것이요, 이는 그리스도회가 아니라는 명백한 증거라 이 땅의 모든 종교는 인간이 만들어 낸 이단이다 하나님께서는 종교의 하나님이 아니요 기독교의 하나님도 로마교(가톨릭)의 하나님도 아니다 오직 만유의 주재이시며 인간의 모든 종교를 초월하신 하나님이시다 만약 기독교만의 하나님이시라면 불교의 부처를 믿었던 자가 어떻게 기독교의 하나님을 믿게 되겠는가! 믿지 않는 자들이든, 불교인이든, 잡교를 믿는 자들이든, 모든 이들에게 역사하시고 인도하시는 모든 종교의 하나님이시요 만유의 주재이신 하나님이 아니시뇨! 이 땅에 가장 큰 이단과 가장 무서운 적그리스도는 하나님을 믿는다고 하는 종교와 교회와 목자라고 하는 자들이라 (고전 2장10) (욥 13장1~2) (사 40장13~14) (요1 2장20) (요1 2장27)

내 아들아 지식의 말씀에서 떠나게 하는 교훈을 듣지 말 찌니라(잠 19장27) (히 13장9)

그들이 이르기를 그가 뉘게 지식을 가르치며 뉘게 도를 전하여 깨닫게 하려는가 젖 떨어져 품을 떠난 자들에게 하려는가 대저 경계에 경계를 더하며 경계에 경계를 더하며 교훈에 교훈을 더하며 교훈에 교훈을 더하되 여기서도 조금, 저기서도 조금 하는구나 하는 도다 그러므로 생소한 입술과 다른 방언으로 이 백성에게 말씀하시리라 전에 그들에게 이르시기를 이것이 너희 안식이요 이것이 너희 상쾌함이니 너희는 곤비한 자에게 안식을 주라 하셨으나 그들이 듣지 아니하였으므로 여호와께서 그들에게 말씀하시되 경계에 경계를 더하며 경계에 경계를 더하며 교훈에 교훈을 더하며 교훈에 교훈을 더하고 여기서도 조금, 저기서도 조금 하사 그들로 가다가 뒤로 넘어져 부러지며 걸리며 잡히게 하시리라(사 28장9~13)

내가 네 환난과 궁핍을 아노니 실상은 네가 부요한 자니라 자칭 유대인이라 하는 자들의 훼방도 아노니 실상은 유대인이 아니요 사단의 회당이라(계 2장9)

온 인류가 속고 있는 모세의 황당한 출애굽

온 인류가 속고 있는 모세의 황당한 출애굽

먼저 오늘날 성경에 기록된 히브리어는 고대의 히브리어다 그러므로 오늘날 현대의 히브리어로 해석하게 되면 정확한 의미 전달이 되지 않는다 그러나 오늘날 성경에 기록된 지명이나 이름이나 나라명은 사실 6000년의 역사를 기준으로 한 임의적인 해석이다 따라서 본래의 이름과는 다르나, 보는 이들의 이해를 위해 성경에 기록된 명칭과 이름으로 설명하였으니 참조하길 바라며, 아래의 내용을 통하여 거짓과 억지 속에 만들어진 역사의 진실을 깨닫는 계기가 되길 바란다.

1. 진흙으로 만든 벽돌과 석축으로 만든 피라미드?

오늘날, 모세의 출애굽이 이집트의 노예 생활에서 해방되어 40년 동안의 광야 생활 끝에 지금의 이스라엘 땅으로 옮겨 갔다는 성경의 기록과 이를 토대로 가르치는 가르침과 배움에 의구심을 가지는 사람은 없다.

이스라엘 자손의 역사를 엄하게 하여 고역으로 그들의 생활을 괴롭게 하니 곧 흙 이기기와 벽돌 굽기와 농사의 여러 가지 일이라 그 시키는 역사가 다 엄하였더라(출 1장13~14)

바로가 그 날에 백성의 감독들과 기록원들에게 명령하여 이르되 너희는 백성에게 다시는 벽돌에 쓸 짚을 전과 같이 주지 말고 그들이 가서 스스로 짚을 줍게 하라 또 그들이 전에 만든 벽돌 수효대로 그들에게 만들게 하고 감하지 말라 그들이 게으르므로 소리 질러 이르기를 우리가 가서 우리 하나님께 제사를 드리자 하나니 그 사람들의 노동을 무겁게 함으로 수고롭게 하여 그들로 거짓말을 듣지 않게 하라 백성의 감독들과 기록원들이 나가서 백성에게 말하여 이르되 바로가 이렇게 말하기를 내가 너희에게 짚을 주지 아니하리니 너희는 짚을 찾을 곳으로 가서 주우라 그러나 너희 일은 조금도 감하지 아니하리라 하셨느니라 백성이 애굽 온 땅에 흩어져 곡초 그루터기를 거두어다가 짚을 대신하니 감독들이 그들을 독촉하여 이르되 너희는 짚이 있을 때와 같이 그 날의 일을 그 날에 마치라 하며 바로의 감독들이 자기들이 세운 바 이스라엘 자손의 기록원들을 때리며 이르되 너희가 어찌하여 어제와 오늘에 만드는 벽돌의 수효를 전과 같이 채우지 아니하였느냐 하니라 이스라엘 자손의 기록원들이 가서 바로에게 호소하여 이르되 왕은 어찌하여 당신의 종들에게 이같이 하시나이까 당신의 종들에게 짚을 주지 아니하고 그들이 우리에게 벽돌을 만들라 하나이다 당신의 종들이 매를 맞사오니 이는 당신의 백성의 죄니이다(출 5장6~16)

오늘날의 수많은 성경학자들이 성경 말씀을 근거로 이스라엘 백성들이 이집트에 강제 노역으로 끌려가 피라미드를 만든 것이라 역사화하고 문화화하였으나, 사실 오늘날 우리가 배우고 인식하고 있는 성경 말씀의 내용과는 달리 이집트의 어떠한 문헌과 유물에도 모세와 이스라엘 백성들의 출애굽이나 이들의 행적에 관해 발견된 예가 전혀 없다 또한 우리가 보는 성경 말씀에는 분명히 진흙에 볏짚을 넣어 벽돌을 만드는 고역을 했다고 기록되어 있으나, 이러한 성경의 기록과는 달리 오늘날 이집트의 모든 피라미드는 거대한 돌을 깎아 만든 석축의 건축물이다 또한 이집트는 벽돌을 만들 만한 진흙도 볏단도 없으며 밀 농사만 짓기 때문에 볏짚이 존재하지 않는다 대부분 모래와 석회만 있을 뿐이다.

2. 밀 농사와 벼농사

쌀은 한 알을 심으면 약 200알의 수확을 거두고, 밀은 한 알을 심으면 약 20알의 수확을 거둔다 농사가 발달한 현재의 기술과는 차이가 있어 과거의 수확성이 오늘날보다 다소 떨어지기는 하겠으나, 과거에나 지금이나 쌀과 밀의 수확률의 차이는 약 10배에 이른다 쌀과 밀의 수확률 차이가 굉장히 크다는 것이다 성경에 기록된 바에 의하면 바로는 요셉의 말대로 다가올 7년의 흉년을 예비하기 위해 앞선 7년의 풍년 동안 애굽 온 땅의 수확량 중 5분의 1을 거두어 비축해 두었고, 이에 7년의 흉년이 오자 백성들의 전지와 짐승들을 동안에 비축해 둔 식량과 맞바꾸어 주었으니, 그때에 비축한 식량의 양이 얼마나 방대하였는지 7년의 흉년 동안에 애굽 전역이 바로의 소유가 되었음이라(창 41장14~49) 그런데 셀 수 없이 많은 애굽 전역의 땅과 짐승들을 사들였을 만큼의 식량을 비축했다는 것은 수확률이 200배에 이르는 쌀농사가 아니면 결코 불가능한 일이다(창 47장13~26)

그러나 국토의 70%가 사막인 이집트와 서남아시아의 대부분은, 밀 농사는 가능할지 몰라도 물이 많이 필요한 쌀농사는 지을 수가 없다 근래 들어서야 동아시아로부터 재배 기술이 전해져 조금씩 쌀농사가 가능해지기는 했으나 재배 기술도 없을뿐더러 기온이 더 뜨거웠던 과거에는 엄두도 못 낼 일이었다 이 지역은 강우량이 일 년에 20%도 채 되지 않고, 낮에 내리쬐는 뜨거운 태양빛은 45도가 넘기에 벼가 자란다고 해도 뜨거운 태양열에 다 타 버릴 수밖에 없는 열대성 기후이기 때문이다 이처럼 농사를 짓기에는 너무나 열악한 환경인 이집트에서 이백만이나 되는 인구가 한두 해도 아닌 7년의 흉년 동안에 먹을 수 있는 식량을 수확하고 비축한다는 것은 절대로 불가능한 일이요 모세의 출애굽은 이집트에서 시작된 것이 아님을 성경 말씀이 명백하게 증거하고 있는 것이다.

또한 볏단을 넣고 진흙으로 벽돌을 만들며 진흙 담을 쌓은 가장 오래된 문화는 쌀이 주식인 동아시아이며 이와 더불어 진흙을 구워 벽돌을 만들고 기와를 만들어 사용한 것 또한 동아시아의 문명이다 그러므로 모세가 이집트에서 출애굽을 했다는 성경학자들의 해석과 주장은 성경에 기록된 근거들을 왜곡하여 만들어진 거짓말이며 이러한 성경학자들의 거짓된 학설을 온 인류가 지금까지 받아들이고 속아 온 것이다.

3. 와당과 석관묘

대동강 유역에서 출토된 기왓장

A 도착했다
B 오엽화와 협력하여 신의 나라에 들어가라
C 성도가 모여 기도함으로 하나님 나라가 회복된다

대동강변에서 출토된 기왓장입니다. A와 C는 국립 중앙박물관에 소장되어 있으며 '이우찌 이사오'라는 일본인이 기증한 와당입니다. B는 국립 광주박물관에 소장되어 있습니다. 기록된 히브리어 문자는 B.C. 1천년 경에 사용했던 것으로 그 당시의 것에서 약간 진보된 것도 있습니다. 이는 한민족이 이스라엘 민족임을 알 수 있는 하나의 증거입니다.

[출처] http://www2.kookhakwon.org/renew01/mainframe.php?menuId=
0406&tbl=oops_free&contentUrl=bbs/board.php&&id=169&mode=V

이것은 과거 대동강변에서 발견된 유물로써 한국 박물관에 소장되어 있는 히브리어가 쓰여진 와당이다 와당이란, 과거에 큰 벼슬아치나 권력을 지닌 자들의 기왓집 처마에 상징을 부여하기 위하여 만들어 낸 것이다 그런데 어떻게 히브리어가 쓰여진 와당이 대동강변까지 올 수 있었을까? 바로 과거 이스라엘 백성들이 대동강변에 거주했다는 산 증거다 또 하나의 근거로 한국의 임금들의 석관묘와 중국 황제들의 석관묘 그리고 이스라엘의 왕의 석관묘는 매우 흡사하다 상식적으로 한국과 중국은 가까이 붙어 있는 나라이기에 석관묘가 같을 수도 있으나, 한국이나 중국과는 멀리 떨어져 있는 이스라엘의 석관묘가 같다는 것은 상식적으로 이해될 수 없는 일이다 다시 말해 이 석관묘와 와당의 근거는 합리적인 상식으로 보아도 이스라엘 백성들이 동아시아에 살고 있었다는 명백한 증거다.

4. 이집트 문명의 인구와 이스라엘의 인구

과거 이집트 문명의 인구는 이십만이 채 넘지 않았다 그런데 출애굽 당시 이스라엘 백성들의 총 인구는 약 이백만에 이르렀고, 여호수아에 기록된 바로는 40년 후, 그 인구가 천만에 이르렀다고 기록되어 있다 그런데 어떻게 이십만이 채 안 되는 인구가 살던 이집트의 라일강 부근에서 이백만이라는 이스라엘의 대 인구가 살 수 있었단 말인가? 비도 오지 않는, 사람이 살 수 없는 사막이 70%에 가까운 이집트에서 이백만이 넘는 인구가 과연 무엇을 먹고 살 수 있었단 말인가! 과거 고대에 어떠한 문명도 인구가 이십만을 넘는 경우는 없었다 이는 식량 조달과 생산 문제 때문이며 과거에 매우 발달했던 고대의 수메르 문명이나 베벨론 문명도 그 인구가 이십만 명이 채 되지 않았을 것이라고 다들 예측한다 다시 말해, 서로 합하면 인구가 이백만이 넘는 이집트인과 이스라엘인들이 함께 살았다는 것은 곳곳에 쌀농사와 많은 가축을 키울 수 있는 땅이 없었다면 생존 자체가 결코 불가능하다는 것이다 또한 오늘날 모든 사람들이 당연시 받아들인 성경학자들의 학설대로 과거 이스라엘 백성들이 지금의 이스라엘과 가나안 땅에 정착했던 것이라면, 약 천만에 이르는 여호수아 때의 인구가 먹고 살 수 있었던 식량을 국토의 70% 이상이 사막인 그곳에서 어떻게 농사를 지을 수 있었단 말인가? 기본적인 상식으로도 이는 분명 불가능한 일이다 또한 이집트의 어떠한 문헌에서도 이스라엘 백성들이 노예생활을 한 뒤 출애굽을 했다는 기록이 전혀 없다.

이스라엘 자손이 애굽 땅에서 나온 후 제 이년 이월 일일에 여호와께서 시내 광야 회막에서 모세에게 일러 가라사대 너희는 이스라엘 자손의 모든 회중 각 남자의 수를 그들의 가족과 종족을 따라 그 명수대로 계수할 찌니 이스라엘 중 이십세 이상으로 싸움에 나갈만한 모든 자를 너와 아론은 그 군대대로 계수하되.. 이상은 이스라엘 자손이 그 종족을 따라 계수함을 입은 자니 모든 진의 군대 곧 계수함을 입은 자의 총계가 육십만 삼천 오백 오십명이었으며 레위인은 이스라엘 자손과 함께 계수되지 아니하였으니 여호와께서 모세에게 명하심과 같았느니라(민 1장1~2장33)

이스라엘 자손의 온 회중의 총수를 그 조상의 집을 따라 조사하되 이스라엘 중에 무릇 이십세 이상으로 능히 싸움에 나갈만한 자를 계수하라 하시니.. 이스라엘 자손의 계수함을 입은 자가 육십만 일천 칠백 삼십명이었더라(민 26장2~51)

레위인의 일개월 이상으로 계수함을 입은 모든 남자가 이만 삼천명이었더라 그들은 이스라엘 자손 중 계수에 들지 아니하였으니 이는 이스라엘 자손 중에서 그들에게 준 기업이 없음이었더라(민 26장62)

과거 이스라엘의 1차 인구 조사 때 레위인을 제외한 나머지 남자들만 계수한 인구수가 603,550명이었고(민 1장1~2장33) 이스라엘의 2차 인구 조사 때 레위인을 포함하여 이십세 이상의 남자들만 계수한 인구수가 624,730명이었다(민 26장2~62) 성경 말씀에 기록된 이스라엘의 인구 조사대로라면 모세가 출애굽 당시 이끌었던 이스라엘 백성의 인구수는 노인과 여자와 아이까지 포함하면 약 이백만에 가까웠을 것이다.

5. 노루. 사슴. 순록. 소. 비둘기. 메추라기

네 하나님 여호와께서 네게 주신 복을 따라 각 성에서 네 마음에 즐기는 대로 생축을 잡아 그 고기를 먹을 수 있나니 곧 정한 자나 부정한 자를 무론하고 노루나 사슴을 먹음 같이 먹으려니와(신 12장15)

..정한 자나 부정한 자를 무론하고 노루나 사슴을 먹음 같이 먹을 수 있거니와 오직 크게 삼가서 그 피는 먹지 말라 피는 그 생명인즉 네가 그 생명을 고기와 아울러 먹지 못하리니 (신 12장21~23)

그러나 그 짐승이 흠이 있어서 절거나 눈이 멀었거나 무슨 흠이 있든지 네 하나님 여호와께 잡아 드리지 못할 찌니 네 성중에서 먹되 부정한 자나 정한 자가 다 같이 먹기를 노루와 사슴을 먹음 같이 할 것이요 오직 피는 먹지 말고 물 같이 땅에 쏟을찌니라(신 15장21~23)

성경 말씀에는 이스라엘 백성들이 출애굽 당시에 심히 많은 소와 양과 염소와 말을 가지고 나왔다고 기록되어 있고(출 12장37~41) 또한 사슴과 염소와 노루를 잡아먹었다고 기록되어 있다 그런데 이집트나 서남아시아는 국토의 70% 이상이 사막이기에 사슴이나 염소나 양이나 노루나 순록이 서식할 수가 없다 상식적으로 먹이가 없는 사막에서 이러한 가축들을 어떻게 기를 수 있겠는가! 사실 성경에 나오는 뿔이 긴 사슴은 바로 눈밭에 사는 흰색 사슴 즉 추운 지방에서 사는 순록과에 속하는 사슴을 말하는 것이며 다시 말해 이스라엘 백성에 대한 성경의 기록들에 나오는 가축들만 보아도 당시 모세의 출애굽이 사막 지역인 서남아시아가 결코 아니라는 것을 증거하고 있다.

너희가 먹을 만한 짐승은 이러하니 곧 소와 양과 염소와 사슴과 노루와 불그스름한 사슴과 산 염소와 볼기가 흰 노루와 뿔이 긴 사슴과 산양들이라(신 14장4~5)

이스라엘 백성들에 관한 성경의 기록들에 나오는 가축들은 하나같이 이집트와 서남아시아 지방에서는 쉬이 볼 수 없는 짐승들이다 예를 들어 당시 수많은 이스라엘 백성들이 비둘기를 바치는 제사를 드렸다고 기록되어 있지만 노루나 사슴과 마찬가지로 먹이가 없는 사막에서 그 많은 비둘기들이 과연 존재할 수 있었겠는가! 이는 메추라기도 마찬가지다 이처럼 이스라엘 백성들에 관한 성경 기록에서 나오는 모든 가축이나 새들은 사실 이집트나 서남아시아에서는 절대 서식할 수 없는 것들이며, 이는 이스라엘 백성의 출애굽이 이집트나 서남아시아였다는 성경학자들의 학설이 100% 거짓이라는 명백한 증거다.

성경학자들의 또 다른 학설 중에 하나가 과거의 바벨론, 즉 메대와 바사와 갈대아인들이 살던 곳이 서남아시아일 것이라고 추측한다 그러나 메대와 바사와 갈대아인들은 활을 잘 쏘는 민족이라고 성경에 기록되어 있으며, 이는 사냥을 할 만한 지역에서 살았다는 반증이다 그런데 풀과 먹이를 찾아 볼 수 없는, 국토의 약 70%가 모래와 석회와 소금인 사막에서 과연 활을 쏘아 잡을 만한 사냥감이 존재할 수 있었겠는가! 어리석은 자들아 상식이 있으면 생각해보라! 상식적으로 보아도 만주벌판과 동아시아의 벌판을 사냥의 터전으로 살아온 몽골 민족이 바벨론을 칭하는 시조가 아니겠는가!

6. 목축과 동물

이집트는 국토의 70% 이상이 사막인지라 목초 지대가 없어 목축을 한다는 것 자체가 불가능한 일이다 그래서 이백만이 넘는 인구가 사막이 대부분인 이집트에서 상주한다는 것도 불가능한 일이지만, 그 수많은 양과 염소와 소와 가축을 기른다는 것은 더욱 있을 수 없는 일이다 또한 출애굽을 한 모세와 이스라엘 백성들이 성경에 기록된 대로 사막이 70%가 넘는 지역을 40년 동안 걸었다면, 수백만에 이르는 소와 양과 염소와 말과 낙타 등의 모든 가축들이 물이 없어 목말라 죽거나 굶어 죽었을 것이다 이스라엘 백성들이 출애굽 당시 가지고 나온 가축들은 최소한 백만 마리에 가깝기 때문이다. (여호수아 참조)

성경 말씀의 기록들을 토대로 역사의 근거를 찾는다는 성경학자들과 신학자들의 거짓에 속아, 온 인류가 농락당한 것이다 6000년의 성경의 연대는 종교에서 비롯된 거짓이며 성경학자들의 거짓에서 비롯된 망언이다 볏짚, 진흙, 벽돌, 노루, 사슴, 양, 염소, 비둘기, 메추라기, 소, 나귀, 상수리나무는 사실 강우량이 많은 지역인 동아시아에서만 볼 수 있는 가축과 생물들이며 이집트나 서남아시아에서는 존재 될 수 없거나 존재하지 않는 것들이다 이러한 근거들은 이스라엘의 출애굽이 동아시아에서 시작되어 중앙아시아를 거쳐 유럽의 흑해를 통해 서남아시아로 들어온 것이라는 명명백백한 반증이며, 이와 더불어 과거 거부였던 욥과 아브라함이 수많은 가축들을 방목하며 살았던 지역이 서남아시아가 아닌 중앙아시아와 동남아시아였음을 명백히 증거하는 것이다.

그 소유물은 양이 칠천이요 약대가 삼천이요 소가 오백 겨리요 암나귀가 오백이며 종도 많이 있었으니 이 사람은 동방 사람 중에 가장 큰 자라(욥 1장3)

아브람의 일행 롯도 양과 소와 장막이 있으므로 그 땅이 그들이 동거하기에 넉넉하지 못하였으니 이는 그들의 소유가 많아서 동거할 수 없었음이니라 그러므로 아브람의 가축의 목자와 롯의 가축의 목자가 서로 다투고 또 가나안 사람과 브리스 사람도 그 땅에 거주하였는지라 아브람이 롯에게 이르되 우리는 한 친족이라 나나 너나 내 목자나 네 목자나 서로 다투게 하지 말자(창 13장5~8)

욥과 아브라함에 관한 앞의 구절들만 보아도 알 수 있듯이 모세의 출애굽 이전에 이스라엘 백성들도 수많은 양과 가축을 키웠음을 증거하고 있다 다시 말해 이집트나 서남아시아에서 수많은 가축들과 함께 이동하는 목축업을 한다는 것은 불가능하다는 것이다 그렇다면 인류의 시작인 아담과 하와가 처음 살게 된 땅도 동아시아라는 뜻이며 앞서 말한 것처럼 모세의 출애굽 또한 동아시아에서 서남아시아로 이동했다는 것이다 이스라엘 사람들이 동아시아에서 살았다는 것은 히브리 언어가 적힌 와당과 히브리 왕들의 석관묘가 더불어 증거해 주고 있다.

7. 바벨탑과 노아

온 땅의 구음이 하나이요 언어가 하나이었더라 이에 그들이 동방으로 옮기다가 시날 평지를 만나 거기 거하고 서로 말하되 자, 벽돌을 만들어 견고히 굽자 하고 이에 벽돌로 돌을 대신하며 역청으로 진흙을 대신하고 또 말하되 자, 성과 대를 쌓아 대 꼭대기를 하늘에 닿게하여 우리 이름을 내고 온 지면에 흩어짐을 면하자 하였더니 여호와께서 인생들의 쌓는 성과 대를 보시려고 강림하셨더라(창 11장1~5)

동방은 동아시아를 칭한다 진흙으로 벽돌을 만들어 굽는 건축 기술은 오랜 역사를 지닌 동아시아 즉 지금의 중국밖에 없다 서남아시아는 진흙이 없고 석회석과 돌이 대부분이기에 거대한 성을 쌓을 만한 진흙 자체가 존재 되지 않는다 이러한 근거를 토대로, 아담과 하와가 이 땅에 내려와 처음 살던 곳은 곧 동아시아라는 것이요 다시 말해 모든 인류가 시작된 곳이 동아시아라는 증거다.

또한 노아의 방주를 만들 만한 큰 나무들이 서남아시아에는 극히 일부 지역을 제외하곤 아예 없다 다시 말해 배를 만들 만한 나무가 서남아시아에는 존재하지 않는다는 것이며 이는 노아가 배를 만든 곳 또한 동아시아라는 것이다.

8. 고고학자들이 수천억의 연구비를 들여 역사를 연구하고 유물들을 찾아다녔으나 발견된 성경의 유물이나 흔적이 전혀 없다

오늘날 성경을 연구한다는 고고학자들이 중세에서부터 오늘에 이르기까지 수백 수천억에 이르는 막대한 연구비를 들였음에도 불구하고 성경에 나오는 과거의 유물과 흔적에 대하여 전혀 찾지 못하였다 이는 완전히 변개된 오늘날의 성경의 연대를 토대로 역사와 유물을 찾기에 단 한가지 흔적조차 찾지 못한 참담한 결과만 낳은 것이다 우리가 지금 보고 있는 성경의 연대는 6000년의 역사로 되어 있지만 이는 종교를 이용하여 통치의 수단으로 악용하려고 한 자들에 의해 변개된 성경의 역사일 뿐, 사실 인류의 시작인 아담으로부터 시작한 성경의 올바른 연대는 약 15000년의 역사다 어디에서부터 어떻게 인류가 시작되었는지 성경의 올바른 연대에 대한 더욱 자세한 내용은 공개 강의에 직접 참석하여 보다 깊은 이치를 깨닫길 바란다.

오늘날의 성경이 변개되고 삭제된 것은 양들을 먹일 십일조와 헌물을 도둑질하여 절대 권력과 절대복종에 따른 종교 통치를 이루고자 했던 과거 권력자들이 만들어 낸 결과며 가장 많은 성경 말씀의 내용을 변개하고 삭제한 자가 바로 로마교의 콘스탄틴 왕이다 다시 말해 종교의 특수성을 이용한 절대 권력을 위해 콘스탄틴 왕이 많은 학자들을 시켜 자신들이 이용하기 좋은 내용만을 남겨 두고 구약과 신약의 수많은 내용들을 자신들의 입맛대로 삭제하고 변개했으며, 가난하고 불쌍한 양들을 먹이고 베풀고 나누어주어 서로 위하고 아끼고 섬기는 십자가의 사랑을 좇아 하나님의 성품을 이루어 가도록 하기 위함의 십일조와 헌물을 오히려 도둑질하기 위해 가증하고 교활한 예배를 만든 것이다 하나님의 참된 목자는 오늘날 세상인들이 인정하는 인간 중심의 인본주의를 바탕으로 한, 지식적 이론적 학문적 학위로 인정받는 목사가 결코 아니며 오직 성경 말씀에 기록된 예언의 말씀을 이루고 성취하기 위함에 하나님께 말씀을 받아 이 땅에 보내심을 입어 내려온 자가 진정 하나님의 참된 목자다 성경의 수많은 내용들이 삭제되고 변개된 근본 이유는 바로 가난하고 불쌍한 양들을 먹일 십일조와 헌물을 도둑질하기 위한 예배를 합리화하기 위해 거짓된 목자들을 세우기 위함이요 둘째로는, 성경 말씀의 예언으로 오는 선지자들의 명분과 근거를 없애기 위함이다 셋째로는, 절대복종과 절대 권력이라는 종교의 특수성을 철저하게 이용하기 위함이니, 십일조와 헌물로 가난하고 불쌍한 양들을 먹이고 베풀고 나누어주고 서로 위하고 아끼고 섬기는 그리스도의 십자가의 사랑을 행하라는 말씀들을 완전히 뼈대만 남긴 채 무자비로 삭제하였고 사도신경과 주기도문을 만들어 냈으며, 하물며 십계명까지도 변개한 것이다(본 저자의 저서 참조: 변개된 성경) 다시 말해 예언된 성경 말씀에 따라 하늘로부터 보내심을 받은 선지자들의 참된 명분과 근거들을 없애야만 오늘날처럼 양들을 먹일 십일조와 헌물을 도둑질하는 예배를 앞세우고, 학문과 학위로써 목사와 신부를 하나님의 목자인 양 앞세울 수 있었기에 과거 수많은 성경 구절들을 완전히 변개하고 삭제한 것이다 그런데 과거에 수많은 성경 말씀들을 난도질하듯 변개하고 삭제하고, 하나님께서 보내신 선지자들과 그리스도의 제자들을 죽이고 핍박한 자들이 거듭 태어나 오늘날 이 땅에서 또다시 성도들을 심판과 죽음으로 인도하며 가르치고 있다 가톨릭과 기독교의 성도들이여! 오늘날 자신들이 믿고 따르는 목자가 과거 하나님의 목자들을 핍박하고 죽인 독사의 자식이 아닌지 혹은 그리스도와 그의 제자들을 핍박하고 죽인 자들이 아닌지 진정 성경 말씀에 비추어 시험해 보아야 할 것이라 성경 말씀의 내용이 증거하지 않는 인간의 이론과 사상과 교리로 가르치며 머리와 지능으로 배우고 익힌 인간 중심의 인본주의적 학문을 중심하는 목사와 신부는 결코 하나님께서 보내신 그리스도의 목자가 아니다.

하나님의 참된 목자는 성도들로 하여금 평생을 죄만 반복하는 죄인의 길에서 벗어날 수 있도록, 악한 습관과 지체를 죽이는 하나님의 능력의 은사를 얻게 하여 하나님을 닮아가는 신의 자녀가 되도록 인도하는 것이다 성경에 기록된 바와 같이 성령을 받은 자는 곧 신이다 또한 악한 인간을 사랑의 신으로 만드는 하나님의 능력을 가르치는 것이 진리다 성령을 받았다는 모든 자들에게 묻겠다 당신은 죄를 반복하고 있는 인간인가, 아니면 죄를 범하지 않는 신인가! 만약 성령 받은 자신이 인간이라면 당신은 성령을 버리지만도 못하게 한 채 말씀 위에 군림하는 대적자요 하나님 앞에 가장 큰 원수라 오늘날 신부와 목사들의 설교와 가르침처럼 그저 말과 이론의 교훈과 감동으로 자신을 의지한 각성과 다짐과 결심만 일으킬 뿐 정작 능력과 증거가 없는 고로, 평생 죄만 반복할 수밖에 없는 인간의 한계를 벗어나지 못하는, 머리와 지능으로 배우고 익히는 인간 중심의 인본주의적 가르침은 결코 하나님의 진리가 아니다.

예수께서 대답하여 가라사대 진실로 진실로 네게 이르노니 사람이 거듭나지 아니하면 하나님 나라를 볼 수 없느니라(요 3장3)

주를 향하여 이 소망을 가진 자마다 그의 깨끗하심과 같이 자기를 깨끗하게 하느니라 (요1 3장3)

그 안에 거하는 자마다 범죄하지 아니하나니 범죄하는 자마다 그를 보지도 못하였고 그를 알지도 하였느니라 자녀들아 아무도 너희를 미혹하지 못하게 하라 의를 행하는 자는 그의 의로우심과 같이 의롭고 죄를 짓는 자는 마귀에게 속하나니 마귀는 처음부터 범죄함이라 하나님의 아들이 나타나신 것은 마귀의 일을 멸하려 하심이라(요1 3장6~8)

그리스도께서 이미 육체의 고난을 받으셨으니 너희도 같은 마음으로 갑옷을 삼으라 이는 육체의 고난을 받은 자가 죄를 그쳤음이니 그 후로는 다시 사람의 정욕을 좇지 않고 오직 하나님의 뜻을 좇아 육체의 남은 때를 살게 하려 함이라(벧전 4장1~2)

거듭날 수도 없는 각성과 다짐과 결심과 확신과 자긍을 일으키는 말의 감동을 좇아 평생을 죄만 반복케 하는 인간의 교육 방식으로 가르치는 신부와 목사들은 결코 하나님의 목자가 아니다 죄를 평생 반복할 수밖에 없는 인간의 한계를 벗어나지 못한 연고로, 평생 죄만 반복하는 자신을 의지한 자긍과 확신이 극대화되고 절대화된 교만이 이들의 믿음이요 말씀인지라 자신의 육신을 좇아 난 죄에 대하여 점점 담대해지고 점점 뻔뻔해지며 점점 당당해져 가는 파렴치한 인간들이 만들어지고 있는 기독교의 설교와 교리다 이 지구상에 시기와 질투와 미움과 거짓과 교만과 분냄과 정욕의 죄가 반복되지 않는, 말씀에 입각하여 거듭나고 변화되고 달라진 인간은 단 한 명도 없다 그러나 그럼에도 불구하고 하나님의 능력을 의지하기는커녕 거듭나고 달라질 수 없는 육신의 한계를 벗어나지 못한 자신을 의지하고, 자신의 자긍과 확신을 극대화하고 절대화하여 믿음인 양 여기는 기독교의 미친 믿음들이요 육신에 속한 자신들의 혈기를 좇아 난 아집과 억지와 거짓과 불만족이 만들어 낸 교만과 완고함의 믿음들뿐이다 "하나님 까불면 나한테 죽어"라는 미친 믿음의 결과는 모든 기독교인들에게 언제든지 나타날 수밖에 없는 믿음이다 하나같이 자기 스스로 절대화되고 신격화되어 있는 이들에게 성경 말씀이 무슨 필요가 있으랴! 말씀 위에 군림하는 자신의 주장과 해석이 곧 말씀이요 하나님이 아니랴! 하나님의 능력을 의지하지 않고 그저 스스로 절대화되고 극대화된 자신의 자긍과 확신을 의지하는 연고로, 거듭날 수도 달라질 수도 변화될 수도 없는 육신에 속한 믿음들이요 또한 세상과 육을 좇는 자신들의 혈기가 만들어 낸 아집과 억지와 거짓을 믿음인 양 자긍하고 확신하는 미친 믿음들 뿐이라 이 지구상에 시기와 질투와 미움과 거짓과 교만과 분과 정욕의 죄가 반복되지 않고 말씀에 입각하여 거듭나고 변화되고 달라진 인간은 단 한 명도 없다.

자신들이 그리스도인이라고 주장하는 모든 자들이여!

너희의 구원은 그저 말뿐인 교만과 지식뿐인 자긍이니 너희는 평생을 말로만 가르치고 듣기만 하는 신앙으로 평생 죄만 반복하는 자신을 옳다고 여기는 자들이라 십자가의 고난과 희생과 수고는 좇지 않고 자신들의 세상과 육에 속한 정욕을 위한 믿음인지라 죄뿐인 자신을 변명하는 해석과 욕심뿐인 자신의 꾀가 만들어 낸 주장이 신격화되어, 믿지 않는 자들보다 죄에 대하여 심히 용감하고 거침없는 과격함에 양심의 가책도 느낄 수 없는 자신들의 한계와 치부가 드러나나니, 빛의 말씀을 좇아 자신을 돌아보는 마지막 기회와 회개를 버리고 오히려 알지 못하는 하나님의 비밀의 지혜를 훼방하는 자들이라 겸손함을 찾아 볼 수 없는 자신의 교만이 신격화된 자들이라.

사람들이 크게 태움에 태워진지라 이 재앙들을 행하는 권세를 가지신 하나님의 이름을 훼방하며 또 회개하여 영광을 주께 돌리지 아니하더라 또 다섯째가 그 대접을 짐승의 보좌에 쏟으니 그 나라가 곧 어두워지며 사람들이 아파서 자기 혀를 깨물고 아픈 것과 종기로 인하여 하늘의 하나님을 훼방하고 저희 행위를 회개치 아니하더라(계 16장9~11)

나와 함께 아니하는 자는 나를 반대하는 자요 나와 함께 모으지 아니하는 자는 헤치는 자니라 그러므로 내가 너희에게 이르노니 사람에 대한 모든 죄와 모독은 사하심을 얻되 성령을 모독하는 것은 사하심을 얻지 못하겠고 또 누구든지 말로 인자를 거역하면 사하심을 얻되 누구든지 말로 성령을 거역하면 이 세상과 오는 세상에서도 사하심을 얻지 못하리라 나무도 좋고 열매도 좋다 하든지 나무도 좋지 않고 열매도 좋지 않다 하든지 하라 그 열매로 나무를 아느니라 독사의 자식들아 너희는 악하니 어떻게 선한 말을 할 수 있느냐 이는 마음에 가득한 것을 입으로 말함이라 선한 사람은 그 쌓은 선에서 선한 것을 내고 악한 사람은 그 쌓은 악에서 악한 것을 내느니라(마 12장30~35)

그리스도회를 위장한 가톨릭과 기독교여! 사단의 종교여!

종교 의식과 예배를 위하여 평생을 말로만 가르치는 너희가 진정 하나님의 목자라고 여기느냐! 그렇다면 하나님의 사랑을 증거하기 위하여 우리를 위해 십자가에 돌아가신 그리스도의 사랑을 너희가 비방하는 것이요, 평생을 듣기만 하는 너희가 진정 그리스도인이냐! 그렇다면 사랑의 근원이신 하나님을 너희가 부인하는 것이라 너희가 너희의 종교를 세우고자 함은, 그리스도의 사랑과 희생과 고난을 부인하고 끊임없이 죄만 반복케 하는 세상과 육에 속한 육신의 정욕과 안목의 정욕과 이생의 자랑을 좇아 자신의 욕심을 위해 믿고자 하는 너희의 육신의 믿음을 옳다하기 위함이 아니냐! 너희의 소망은 세상에 속한 축복이요 너희의 기도는 세상에 속한 행복이요 너희의 믿음은 너희의 입맛대로 난 정욕이라 만족 없는 육체의 욕구를 좇아 난 이생의 축복과 행복과 안목의 이상과 성공을 위해, 정욕을 좇아 세상과 더불어 물질과 겸하여 하나님을 섬기는 변질과 거짓과 이단이 하나님의 거룩하신 말씀과 무슨 상관이랴! 목숨까지도 바치는 그리스도의 사랑과 아무런 관련이 없는 믿음이기에 너희는 평생을 이해관계에 따라 죄만 반복하는 신앙이요 죄가 증거하는 마귀의 자식이 아니냐!

민간에 또한 거짓 선지자들이 일어났었나니 이와 같이 너희 중에도 거짓 선생들이 있으리라 저희는 멸망케 할 이단을 가만히 끌어들여 자기들을 사신 주를 부인하고 임박한 멸망을 스스로 취하는 자들이라 여럿이 저희 호색하는 것을 좇으리니 이로 인하여 진리의 도가 훼방을 받을 것이요 저희가 탐심을 인하여 지은 말을 가지고 너희로 이를 삼으니 저희 심판은 옛적부터 지체하지 아니하며 저희 멸망은 자지 아니하느니라 하나님이 범죄한 천사들을 용서치 아니하시고 지옥에 던져 어두운 구덩이에 두어 심판때까지 지키게 하셨으며 옛 세상을 용서치 아니하시고 오직 의를 전파하는 노아와 그 일곱 식구를 보존하시고 경건치 아니한 자들의 세상에 홍수를 내리셨으며 소돔과 고모라 성을 멸망하기로 정하여 재가 되게 하사 후세에 경건치 아니할 자들에게 본을 삼으셨으며 무법한 자의 음란한 행실을 인하여 고통하는 의로운 롯을 건지셨으니(이 의인이 저희 중에 거하여 날마다 저 불법한 행실을 보고 들음으로 그 의로운 심령을 상하니라) 주께서 경건한 자는 시험에서 건지시고 불의한 자는 형벌 아래 두어 심판날까지 지키시며 육체를 따라 더러운 정욕 가운데서 행하며 주관하는 이를 멸시하는 자들에게 특별히 형벌하실 줄을 아시느니라 이들은 담대하고 고집하여 떨지 않고 영광 있는 자를 훼방하거니와 더 큰 힘과 능력을 가진 천사들이라도 주 앞에서 저희를 거스려 훼방하는 송사를 하지 아니하느니라 그러나 이 사람들은 본래 잡혀 죽기 위하여 난 이성 없는 짐승 같아서 그 알지 못한 것을 훼방하고 저희 멸망 가운데서 멸망을 당하며 불의의 값으로 불의를 당하며 낮에 연락을 기쁘게 여기는 자들이니 점과 흠이라 너희와 함께 연회할 때에 저희 간사한 가운데 연락하며 음심이 가득한 눈을 가지고 범죄하기를 쉬지 아니하고 굳세지 못한 영혼들을 유혹하며 탐욕에 연단된 마음을 가진 자들이니 저주의 자식이라(벧후 2장1~14)

모르면 배우려고 하는 겸손함을 찾아 볼 수 없는 신격화된 목사들과 절대화된 성도들이 대부분이다 지금까지 자신의 황당한 해석과 엉터리 풀이와 거짓된 설교가 하나님의 말씀인 양 신격화되어 버린 이들이 과연 말씀에 순종하고 자신의 죄를 말씀에 비추어 돌이켜보는 겸손함의 눈과 귀가 있겠는가! 이에 눈과 귀에 할례를 받지 못한, 눈이 있어도 보지 못하고 귀가 있어도 듣지 못하는 소경이 소경을 가르치고 배우는 기독교다 평생을 말로만 가르치고 평생을 듣기만 하는 자신을 합리화하기 위해 변명하는 주장이 말씀 위에 군림하는 교만의 극치이기에 눈이 있어도 보지 못하고 귀가 있어도 듣지 못함이라 이에 이들의 훼방과 멸망은 과거에서부터 영원토록 돌이킬 수 없기에 과거 그리스도와 사도들이 이들을 가리켜 독사의 자식이라고 한 것이다 모르면 배우는 것이 지극히 당연한 것이 아닌가! 그러나 이들은 자신이 모르는 것을 훼방하나니 이에 거침없는 무지와 황당한 거짓과 과격한 말이 이들의 전부라 자복하고 회개하라! 마지막 기회라! 너희의 머리를 앞세우고 너희의 지식을 자랑하는 자들아! 진리는 머리와 지식으로 배우고 익히는 사람의 한계가 아니라!

천사장 미가엘이 모세의 시체에 대하여 마귀와 다투어 변론할 때에 감히 훼방하는 판결을 쓰지 못하고 다만 말하되 주께서 너를 꾸짖으시기를 원하노라 하였거늘 이 사람들은 무엇이든지 그 알지 못하는 것을 훼방하는도다 또 저희는 이성 없는 짐승 같이 본능으로 아는 그것으로 멸망하느니라 화 있을찐저 이 사람들이여, 가인의 길에 행하였으며 삯을 위하여 발람의 어그러진 길로 몰려 갔으며 고라의 패역을 좇아 멸망을 받았도다 저희는 기탄 없이 너희와 함께 먹으니 너의 애찬의 암초요 자기 몸만 기르는 목자요 바람에 불려가는 물 없는 구름이요 죽고 또 죽어 뿌리까지 뽑힌 열매 없는 가을 나무요 자기의 수치의 거품을 뿜는 바다의 거친 물결이요 영원히 예비된 캄캄한 흑암에 돌아갈 유리하는 별들이라(유 1장9~13)

그리스도를 죽인 너희여! 하나님의 모든 목자를 죽인 너희여! 너희가 하나님의 뜻을 거슬러 창세에서부터 이르러 이 땅에 뿌린 선지자들의 핏값이 어찌 적다 할 수 있으리요! 진리를 훼방함에 있어 너희의 거침없는 행동이 마치 미쳐 날뛰는 짐승과 같구나! 너희 중에 그리스도를 죽인 자들이 있고 너희 중에 하나님의 선지자들을 죽인 자들이 대부분이니, 이에 이들의 징벌을 위하여 심판의 날이 예비됨이라 하나님의 권능의 말씀이 전파되어 온 땅에 임하나니 이를 이길 자가 어디에 있으랴! 주의 권능이 너희의 거짓들을 드러내고 너희의 가증한 것들을 증거할 것이니, 주의 진노하심이 너희에게 임하기 전에 너희는 하루속히 회개하라! 가난하고 불쌍한 양들을 먹이고 베풀고 나누어주어 서로 위하고 아끼고 섬기는 아름다운 사랑을 전파하고자 하심의 십일조와 헌물을 도둑질하기 위함에 도둑질에 참여한 너희여! 너희가 말하기를 전통과 관행과 유전을 좇아 우리도 모르고 행하였을 뿐이라 할지라도 너희의 죄가 심히 큼은 이렇게 변명한 네가 과거에 이 도둑질의 예배와 종교 의식을 위해 성경을 변개하고 삭제했던 장본인이요, 이를 위하여 그리스도와 그의 사도들을 죽인 장본인이며 하나님의 목자를 사칭하여 수많은 하나님의 선지자들을 죽인 자이기 때문이라 이에 심판의 날에 하나님께서 너희를 심판함에 있어 너희에게는 결코 일말의 변명의 여지가 없도다! 성경을 기록한 자보다 더 아는 척하는 교만한 너희여! 너희가 하늘에서 성경이 어떻게 내려오고 보좌들이 어떻게 말씀을 전파해 온 줄은 아느냐! 자신의 티눈도 보지 못하는 자들이 누구의 티눈을 뺀다는 말인가!

천국의 뜻도 모르면서 어찌 천국을 전파하며 그리스도의 뜻도 모르면서 어찌 그리스도를 가르칠 수 있으랴! 목자라고 하는 너희의 설교와 가르침은 그저 황당한 거짓의 엉터리 해석과 주석과 풀이가 태반이고, 정작 하나님의 비밀과 말씀에 대해서는 아무것도 아는 것이 없는 무지와 무식의 가르침이라 의로운 척하는 너희가 주를 죽인 자요 주를 죽인 자의 후손이며, 하나님을 믿는다고 하는 너희가 가장 큰 대적자라 의로운 척하는 무리여! 창세에서부터 심판의 날에 이르기까지의 너희의 죗값을 그날에 너희의 뽑힐 눈과 너희의 잘릴 혀가 담당하리라 모든 가톨릭과 기독교인들에게 경고하나니 너희가 목자라고 여기는 자들 중에 하나님의 모든 목자들과 그리스도를 죽인 모든 자들이 명명백백히 있도다! 또한 혹여 너희가 하나님의 목자들을 핍박하고 죽인 장본인이 아닌지 냉정히 고민하라! 창세에서부터 시작해 믿는다고 하는 자들이 하나님 앞에 가장 큰 원수요 그리스도 앞에 가장 큰 대적이요 말씀 앞에 가장 큰 이단이었음을 성경 말씀이 명명 백백히 증거하노라! 믿는다고 하는 너희여! 자복하고 회개하라! 너희의 가장 큰 이단은 평생을 말로만 가르치고 평생을 듣기만 하는 너희의 신앙이요 십자가의 사랑과 수고와 희생을 회피하기 위한 너희의 교활한 변명이 만들어 낸 너희의 교리와 해석과 주장이 하나님 앞에 가장 큰 대적이요 가장 큰 이단이요 가장 큰 원수라.

예수께서 이르시되 내가 그니라 인자가 권능자의 우편에 앉은 것과 하늘 구름을 타고 오는 것을 너희가 보리라 하시니 대제사장이 자기 옷을 찢으며 가로되 우리가 어찌 더 증인을 요구하리요 그 참람한 말을 너희가 들었도다 너희는 어떻게 생각하느뇨 하니 저희가 다 예수를 사형에 해당한 자로 정죄하고 혹은 그에게 침을 뱉으며 그의 얼굴을 가리우고 주먹으로 치며 가로되 선지자 노릇을 하라 하고 하속들은 손바닥으로 치더라(막 14장62~65)

볼찌어다 구름을 타고 오시리라 각인의 눈이 그를 보겠고 그를 찌른 자들도 볼터이요 땅에 있는 모든 족속이 그를 인하여 애곡하리니 그러하리라 아멘(계 1장7) (벧전 3장18~20)

모든 종교는 반드시 사람의 지식과 지혜와 학문과 의욕과 자긍이 만들어 낸 인간 중심(인본주의)의 사상과 교리를 바탕으로 하기에 인간의 거짓과 교만과 억지가 신격화될 수밖에 없으며, 또한 종교를 만들고 가르치는 자가 신이 될 수밖에 없는 종교의 본질과 속성을 이용하여 인간을 신격화하기 위해 만들어진 것이 오늘날 인간이 만든 모든 종교의 공통된 특징이다 다시 말하면 종교 안에서 가르치고 인도하는 자의 말이 곧 신이요 진리인지라 일정한 검증도 필요 없는 까닭에 아무런 통제도 제재도 받지 않는, 인간 자체가 신격화되어 버리는 무서운 집단이다 이 지구상에서, 창세에서부터 오늘에 이르기까지 가장 무자비하고 잔인무도하게 수많은 사람들을 죽인 인류의 가장 큰 적은 전쟁이 아닌 삼위일체라는 사상이요 이 사상 하나가 수천만 명을 죽인 것이다 이는 절대복종과 절대 권력이라는 종교의 특수성을 악용하여 종교 통치의 수단으로 이용한 자들에 의해 만들어지고 전해지고 오늘에까지 이어져 온 것이다 자신들의 입맛에 맞지 않는 모든 자들을 무자비하게 처단하고 핍박하고 고문하여 죽일 수 있는 유일무이하고 절대적인 명분과 권한이 바로 종교의 사상과 교리요 또한 무차별적으로 휘두르는 가장 강력한 무기가 종교의 사상과 교리다 그래서 지구상의 모든 종교들이 주장하는 것처럼 아름다운 사랑과 자비와 평화를 좇아서 종교들이 전파된 것이 아니라, 사랑과 자비와 평화라는 그럴듯한 명분 아래 종교들이 통치자들의 권력과 사욕을 위해 악용되어 온 것일 뿐, 이 지구상에 가장 거짓이 많고 가장 부패하고 가장 타락하고 가장 범죄를 많이 한 집단이 바로 종교다 썩을 대로 썩어 악취가 진동하는 겉모양의 거룩함과 인자함으로 포장하고 위장하여 가르치고 인도하는 연고로 이 땅이 심판으로 갈 수밖에 없는 가장 큰 원인이 된 것이다 평생을 말로만 떠드는 자들이 희생을 가르치고 평생을 듣기만 하는 신앙들이 사랑을 가르치나니, 빛과 소금처럼 본과 귀감이 되는 사랑이 어디에 있으랴! 겉으로 드러나는 곱게 차려입은 상냥함과 친절함이 이들이 말하는 사랑이요 부드러운 듯한 언변과 말뿐인 인자함과 겉모양에 불과한 거룩함이니, 이에 하나같이 겉과 속이 다르고 말과 행동이 다르고 교회 안과 밖이 다른 이중성이라 이것이 과연 사랑이고 진리랴! 성경 말씀의 구절을 이용하여 자신들의 입맛대로 해석하고 풀이하는 인간의 해석과 주장이 진정 하나님의 말씀이랴! 또한 성경의 내용과는 상반되고 오히려 대적이 되는 너희의 해석이 하나님이랴! 세상과 육에 속한 이단적인 내용들을 너무나 당당하고 뻔뻔하게 말씀인 양 가르치고 있기에 모든 성도들이 하나같이 평생을 죄만 반복하고 있는 것이 아니랴! 죄는 마귀의 열매요 마귀의 증표다 이들의 설교와 가르침은 세상사의 교훈과 감동으로 각성과 다짐과 자긍을 일으켜 금방이라도 모든 문제가 다 해결될 것처럼 마음만 부풀릴 뿐, 하나님의 능력이 전혀 나타나지 않는 연고로 가르치는 자나 배우는 자나 평생을 죄만 반복하나니, 말씀을 악용하여 말로만 가르치는 자신들을 신격화하고 합리화하기 위한 해석과 풀이일 뿐이라 이에 이들의 거짓과 억지가 만들어 낸 변명의 해석과 풀이를 좇아 배우는 자들의 결실은 하나같이 하나마나한 회개 속에서 평생토록 반복되는 죄뿐이라 하나님의 자녀는 범죄하지 아니하나니 죄를 반복하는 너희여! 회개하라!

교만한 너희가 내게 이르기를 "네가 진정 말씀에 따라 심판을 알리기 위하여 이 땅에 온 하나님의 종 모세가 맞느냐! 그렇다면 우리에게 그 증거를 보이라 그리하면 우리가 모두 따르리라" 하려니와 내가 너희에게 대답하기를 "내가 너희에게 보일 것은 오직 이것이니 과거 주께서 삼일 낮밤 후에 부활하심과 같이 나 또한 삼일 낮밤 후에 부활할 것 외에는 너희에게 보일 증거가 없노라" 할 것이라 심판으로 간 너희의 모든 조상들이 하나님의 기적과 이적을 보고도 따르지 않았던 무리들이 아니더냐! 평생을 그리스도의 사랑과 희생을 부인하기 위해 십자가의 사랑과 원수가 된, 말만 앞세운 너희들이 너희의 자긍과 확신과 교만으로 나를 욕보이는 것이냐! 심판으로 간 모든 거짓된 목자들이 다 너희와 같았었느니라! 믿는다고 하는 자들이 오히려 말씀을 좇아 이 땅에 내려왔던 모든 선지자들을 하나같이 임의로 대우하며 선지자들이 전하는 진리를 부정함은, 회개에 합당함을 이루어 거듭나고 달라지고 변화되도록 인도하는 선지자들의 빛의 진리로 말미암아 자신들의 감추어진 죄가 들통나고 숨겨진 모든 부끄러움이 드러나기 때문이라 창세에서부터 오늘에 이르기까지 하나님께서 너희에게 수차례 베푸신 거듭 태어남의 은혜를 짓밟고 풍성하신 하나님의 인내를 시험한 너희의 심판은 영원히 기억될 고통이요 영벌에 합당한 죗값을 완성한 너희의 목회니, 너희의 목회가 네 양심을 삼키고 너희의 가증한 설교가 네 영혼을 삼킬찌니라 너희의 죗값은 창세에서부터 심판의 날에 이르기까지의 죗값이니 이에 대한 너희의 고통이 정수리에서부터 발끝까지 이를 것이라 창세기의 창조도 모르는 자들, 즉 처음 시작부터 모르는 자들이 정녕 창조자이신 하나님과 보좌로부터 온 자가 맞겠느냐! 시작인 창조도 모르고 하나님의 형상도 모르는 자들이 어찌 하나님께서 보내신 자들이겠으며, 그리스도의 형상도 그리스도의 뜻도 모르고 천국인 예루살렘의 뜻도 모르는 무지한 자들이 과연 예루살렘(천국)에서 온 자요 그리스도의 증인이요 하나님의 참된 목자겠는가! 또한 신의 경전을 감히 인간의 학문으로 풀고 해석하여 가르치려는 자체가 성경적이지 못하고 이단적이며 거룩하신 하나님의 말씀을 완전히 모독하고 무시하는 인간들의 교만한 태도가 아니냐! 하나님의 참된 목자와 선지자는 성경 말씀에 기록된 예언의 말씀을 이루기 위하여 말씀을 좇아 온 자요 세상에 전할 말씀을 하나님께로부터 받아 이 땅에 오는 자라 성경 말씀에 기록된 예언의 말씀으로 온 자가 아닌, 그저 세상이 기준하고 인간이 기준하는 학벌과 학위를 통한 목사는 일축하여 다 이단이요 거짓이요 하나님을 가장한 마귀의 영과 사단의 영이 역사하는 적그리스도다 인간의 학문과 학위를 바탕으로 가르치는 너희여! 심판의 날의 참혹함이 너희를 삼키리라! 무섭고 두려운 그날의 재앙과 심판 앞에서 단 한 명도 도망칠 수 없고 피해 갈 수 없나니, 이 참혹한 심판 앞에 서지 않을 마지막 기회라! 너희의 모든 종교와 교회와 자신의 모든 거짓과 이단과 악행을 자복하고 회개하라! 세상의 영과 정욕의 영과 거짓된 영과 사단의 영을 하나님의 영과 성령이라고 가르친 거짓된 너희들이여! 하나님의 심히 진노하심의 심판이 예비됨이니, 사단의 교회를 합리화하는 너희여! 회개하라! 양들을 먹일 십일조와 헌물을 도둑질하기 위하여 세워진 종교와 교회여! 회개하라!

거짓으로 끈을 삼아 죄악을 끌며 수레 줄로 함 같이 죄악을 끄는 자는 화 있을찐저 그들이 이르기를 그는 그 일을 속속히 이루어 우리로 보게 할 것이며 이스라엘의 거룩한 자는 그 도모를 속히 임하게 하여 우리로 알게 할 것이라 하는도다 악을 선하다 하며 선을 악하다 하며 흑암으로 광명을 삼으며 광명으로 흑암을 삼으며 쓴 것으로 단 것을 삼으며 단 것으로 쓴 것을 삼는 그들은 화 있을찐저 스스로 지혜롭다 하며 스스로 명철하다 하는 그들은 화 있을찐저
(사 5장18~21)

하나님의 능력을 가르치지 못하는 자는 결코 하나님의 목자가 아니니 가르치는 것을 멈추라! 너희는 하나님께서 이 땅에 보내신, 말씀이 증거하는 하나님의 목자가 아니라 하나님의 말씀을 도둑질하여 양들을 심판과 지옥으로 인도하는 자들이요 빛인 듯하나 어둠이요 참인 듯하나 거짓이요 진리인 듯하나 죄만 반복케 하여 심판과 죽음으로 인도하는 자들이라 회개하라! 심판이 목전에 이르렀도다.

너희들의 생각은 스스로의 자긍으로 말씀인 양 절대화되었을 뿐 결코 말씀이 아니다 그러므로 혹여 네 기준과 경험에 비추어 이렇다 저렇다 하지 말라 평생을 말로만 가르치고 평생을 듣기만 해 온 너희는 이미 성경적이 아니라 오히려 사랑에서 벗어난 이단이요 말씀에서 벗어난 적그리스도라! 이에 너희를 위하여 말씀이 존재 되는 것이니 말씀에 비추어 자신을 돌아보고 자복하고 회개하라! 사랑하는 자들아! 영을 다 믿지 말고 오직 영들이 하나님께 속하였나 시험하라 많은 거짓 선지자들이 세상에 나왔음이니라
(요1 4장1~13)

하나님의 참된 목자는 성도들로 하여금 평생을 죄만 반복하는 죄인의 길에서 벗어날 수 있도록 악한 습관과 지체를 죽이는 능력의 은사를 받도록 인도하여, 요동치지 않는 온전한 하나님의 사랑을 얻게 하고 그리스도의 소망을 좇아 난 그리스도의 삶을 사는 의인의 길로 인도하는 자라 그러므로 그리스도인의 믿음이 아닌 자신의 정욕과 욕심을 좇는 육신의 믿음으로 인도하는 모든 자는 하나님의 영도 그리스도의 영도 아니요 그들의 성령과 은사 또한 100% 거짓이다 심판의 날이 목전에 이르렀나니, 하나님을 믿는다고 하는 자들이여 모두 회개하라!

이 선지자들은 내가 보내지 아니하였어도 달음질하며 내가 그들에게 이르지 아니하였어도 예언하였은 즉 그들이 만일 나의 회의에 참예 하였더면 내 백성에게 내 말을 들려서 그들로 악한 길과 악한 행위에서 돌이키게 하였으리라(렘 23장21~22)

내 형제들아 너희 중에 미혹되어 진리를 떠난 자를 누가 돌아서게 하면 너희가 알 것은 죄인을 미혹된 길에서 돌아서게 하는 자가 그의 영혼을 사망에서 구원할 것이며 허다한 죄를 덮을 것임이라(약 5장19~20)

지혜 있는 자는 궁창의 빛과 같이 빛날 것이요 많은 사람을 옳은데로 돌아오게 한 자는 별과 같이 영원토록 비취리라(단 12장3)

레위와 세운 나의 언약은 생명과 평강의 언약이라 내가 이것으로 그에게 준 것은 그로 경외하게 하려 함이라 그가 나를 경외하고 내 이름을 두려워하였으며 그 입에는 진리의 법이 있었고 그 입술에는 불의함이 없었으며 그가 화평과 정직한 중에서 나와 동행하며 많은 사람을 돌이켜 죄악에서 떠나게 하였느니라(말 2장5~6)

내가 높은 절벽에서 머리가 바닥의 암반을 향하여 떨어질 때에 주께서 나를 살리시기 위하여 내게 기도를 주셨으니, 이에 내가 주께 기도하기를
"주여 내가 말씀으로 왔기에 말씀으로 말미암지 않고서는 절대로 죽지 아니하나이다"
　　　하였고

어느 여인에게 이르기를
"나는 하나님의 종 모세라 네가 모세임을 믿고 나를 따르면 삼일 낮밤 후에 여호와의 형상을 보든가 천사를 볼 것이라" 하였고

또 어느 가족에게 이르기를
"나는 하나님께서 보내신 하나님의 종 모세라 너희가 나를 믿고 따르면 천사 그룹들의 스랍을 보거나 천사를 볼 것이라" 하였으며

또한 이 말씀을 좇아 나를 따르는 이들에게 말하기를
"너희가 나를 따라다니다 보면 말로 표현할 수 없는 신기하고 오묘한 하나님의 능력이 나타나는 일들을 경험하게 될 것이라" 하였고

내가 그들에게 말하기를
"훗날 많은 재앙에서 벗어난 감사의 위안이 너희의 노래가 되고 구원의 찬미가 너희의 기쁨이 되리라" 하였고

나를 따르는 이들에게 이르기를
"나를 따르는 무리 중에는 내가 하나님의 부르심을 받아 하늘들의 하늘에 있는 하나님의 예루살렘에 오르는 것을 볼 자도 있을 것이라" 하였도다

여호와의 은총이 내게 비추었으니
누가 감히 사람이 볼 수 없는 여호와의 형상을 보고, 그리스도와 직접 대면하고 말하며, 누가 감히 아무도 볼 수 없는 여호와를 가르칠 수 있으랴!

또한 강의 중에 어떤 이에게 이르기를

너의 거친 운전으로 인하여 사람을 죽일 만한 대형 사고가 있을 것이라 하였으니, 이는 말로 책망하여도 듣지 아니한 연고라 이에 며칠 뒤에 대형 사고가 있었고 사망에 이를 인간을 살리시는 하나님의 권능을 보이심이니 하나님의 불과 같이 뜨겁고 강력한 기운의 "릭 에스라!" 라는 권능의 기도를 내게 주시매 차가 뒤집히는 순간 하나님의 권세가 역사하여 죽을 수밖에 없었던 두 사람을 살리시는 기적을 함께 있던 모든 자에게 보이심이라.

거짓으로 끈을 삼아 죄악을 끌며 수레 줄로 함 같이 죄악을 끄는자는 화 있을찐저 그들이 이르기를 그는 그 일을 속속히 이루어 우리로 보게 할 것이며 이스라엘의 거룩한 자는 그 도모를 속히 임하게 하여 우리로 알게 할 것이라 하는도다 악을 선하다 하며 선을 악하다 하며 흑암으로 광명을 삼으며 광명으로 흑암을 삼으며 쓴 것으로 단 것을 삼으며 단 것으로 쓴 것을 삼는 그들은 화 있을찐저 스스로 지혜롭다 하며 스스로 명철하다 하는 그들은 화 있을찐저 포도주를 마시기에 용감하며 독주를 빚기에 유력한 그들은 화 있을찐저 그들은 뇌물로 인하여 악인을 의롭다 하고 의인에게서 그 의를 빼앗는도다(사 5장18~23)

평생을 말로만 가르치는 심판으로 들어갈 가증한 목자들이, 자신들에게 충성하면 그리스도께서 구원의 증거를 속속들이 다 보이시고 심판의 날을 다 알게 하시어 구원으로 인도하실 것이라고 거짓말할 것까지도 성경 말씀에는 이미 낱낱이 예언되어 있다 그럼에도 거짓 목자들의 거짓말을 믿고 좇는 너희는 빛과 어둠으로 알곡과 가라지가 갈리는 날, 어둠 속에서 기절하고 절규하며 탄식하리니 이러한 피눈물 속에서 후회할 것인가! 아니면 빛 가운데 속하여 감사로 맞이할 것인가! 선택하라! 이제는 마지막 기회라! (눅 21장26~27, 암 8장9~10, 눅 17장26~29)

너희의 죗값은 창세에서부터 이르러 심판의 날까지니, 자복하고 회개하라! 마지막 기회라! 그날에 있어서 너희의 후회와 눈물은 결코 돌이킬 수 없는 고통의 눈물이요 죽음의 후회요 절규 속에 몸부림이요 낙담 속에 탄식이 될 것이라.

내가 네 행위를 아노니 네가 차지도 아니하고 더웁지도 아니하도다 네가 차든지 더웁든지 하기를 원하노라 네가 이같이 미지근하여 더웁지도 아니하고 차지도 아니하니 내 입에서 너를 토하여 내치리라 네가 말하기를 나는 부자라 부요하여 부족한 것이 없다 하나 네 곤고한 것과 가련한 것과 가난한 것과 눈 먼것과 벌거벗은 것을 알지 못하도다 내가 너를 권하노니 내게서 불로 연단한 금을 사서 부요하게 하고 흰 옷을 사서 입어 벌거벗은 수치를 보이지 않게 하고 안약을 사서 눈에 발라 보게 하라 무릇 내가 사랑하는 자를 책망하여 징계하노니 그러므로 네가 열심을 내라 회개하라(계 3장15~19)

그러나 너를 책망할 것이 있나니 너의 처음 사랑을 버렸느니라 그러므로 어디서 떨어진 것을 생각하고 회개하여 처음 행위를 가지라 만일 그리하지 아니하고 회개치 아니하면 내가 네게 임하여 네 촛대를 그 자리에서 옮기리라(계 2장4~5)

(본 저자의 저서 참조: 심판 / 심판으로 갈 신격화된 기독교의 교회 / 도둑질을 위한 기독교의 귀신이 역사하는 예배 / 하나님의 능력이 역사하는 방언 / 하나님의 영, 성령)

이 천국 복음이
모든 민족에게 증거되기 위하여
온 세상에 전파되리니
그제야 끝이 오리라
(마태복음 24장14절)

강의신청 | 043-422-7757 | 043-422-9599
이 책을 지참하고 오셔야만 강의에 참석하실 수 있습니다

모세의 가시나무떨기
(하나님의 나라와 하늘의 보좌)

초판 1쇄 발행 2020년 11월 16일

저자 | 이요한
펴낸이 | 조민주
펴낸곳 | 사랑이열리는나무
이메일 | somangi2019@naver.com
전화 | 043-422-7757 | 043-422-9599
주소 | 서울특별시 마포구 삼개로 33
출판등록 | 2020.03.25.(제2020-000080호)
ISBN 979-11-91106-09-1 [03200]

※ 잘못된 책은 구입하신 곳에서 교환해 드립니다.

※ 본사의 서면 허락 없이는 어떠한 형태나 수단으로도 이책의 내용을 이용할 수 없음을 알려 드립니다.